❷

❶山間の道を登ってゆくと、谷の対岸に、雄大なヒマラヤをバックにしたダラムサラの町が見えてきた。右端の黄色い建物が、ナムギャル寺とダライ・ラマの住まいである
❷「オム・マニ・ペメ・フン」、観音菩薩の真言を唱えながら歩くチベット人
❸ダライ・ラマ・パレスの庭にて
❹仏塔の下に据えられた巨大マニ車
❺魔よけと祈りを込めた五色のルンタ（風の馬）が翩翻（へんぽん）とはためく

3

1

5

4

ナムギャル寺での著者

ダライ・ラマとは、大海のように広大な徳を持つ、という意味

❷

❶秘書のテンジン・タクラ氏と、チベット語の翻訳者であるマリア・リンチェン女史
❷❸ダライ・ラマ・パレスで、激しい対話が繰り広げられた

❶

3

講談社文庫

ダライ・ラマとの対話

上田紀行

講談社

ダライ・ラマとの対話【目次】

撮影　大村次郷

序章●ダラムサラへの道

車は深夜のインド平原を疾走していた。

何度目のインドだろうか。大学時代、生きる力を見失いノイローゼになってしまった私に立ち直るきっかけを与えてくれたのはこのインドだ。埃っぽい荒涼とした大地、人と牛と人力車が渾然一体となった都会の雑踏、辛さにしびれるカレー、そしてあまりに人間臭いインドの人々……、インドはそれから私にとって特別な土地となった。

しかし今回の旅はまったく違う。私の心はただひとつ、ダライ・ラマ法王その人を目指していた。これから半日後にその人に会える。一二月の北インドは寒い。車の助手席で厚い毛布にくるまり、アイマスクと耳栓で外界を遮断し、私はひたすら眠ろうと試みた。

昨夜は大阪で講演だった。今朝、成田に飛び、そこから一〇時間のフライトで夕方

トラックドライバーのために終夜営業している露店にて

にデリーに到着。そしてすぐに車に乗り換えて、夜を徹して半日かけてダラムサラを目指す。二四時間座りっぱなしの旅。そして朝方に到着し、午後からダライ・ラマ法王との対談が始まるのだ。

車が止まって、起こされる。どうやら熟睡していたらしい。お茶の休憩だという。車を降りると、大きなドライブインだ。真っ暗な街道沿いに、そこだけが蛍光灯の光に照らされ、屋外に二〇以上のテーブルが置いてある殺風景な店だが、温かいチャパティとチャイ（香辛料入りミルクティー）がありがたい。

チャイで身体を温めながら、もう対

談は始まっているのだと私は苦笑した。さっき起こされたとき、夢のなかで私は法王に自己紹介中だった。今回の対談は通訳を介さず、私も法王も英語で直接話すことになっている。外国語で夢を見るようになれば語学の達人だと聞いたことがあるが、私の場合は達人でないからこそ、冷や汗をかきながら必死に英語で自己紹介をしていたのだった。

それにしても、一七年前の一九八九年の秋にインドのバンガロールでの国際会議で初めて法王の講演をうかがったとき、三一歳の私には自分の人生でこの壇上の偉大な人物と対談する日が来るなどとは想像もつかないことだった。厳しい人物を想像していた私は、そこに登場した法王のあまりの明るさとオープンさ、フランクな語り口に驚かされ、大きな感銘を受けたが、そもそも当時の私には仏教に対しての期待感がまったくなかった。特に日本仏教に対してはほとんど絶望的な思いしか持っていなかった。我々の生きる暴力的な世界をいかに救うか、そして私たちの心の闇にいかに立ち向かっていくか、それは私の幼少時代からの問いだった。そしてダライ・ラマはまさに翌月にノーベル平和賞を受賞することになっていた。しかしそうした世界をより良きものに導いていく動きから一番遠いものが日本仏教であり、それは嫌悪すべき対象で、既に見捨てたほうがいいもののように思えていたのだ。

それが一七年後に私は日本社会の再生という大きな願いのもと、「日本仏教の再興を目指す」人間としてダライ・ラマと対談をしようとしている。二一世紀における仏教の可能性を追究する「仏教ルネッサンス塾」を主宰し、若手僧侶たちの熱き討論の場である「ボーズ・ビー・アンビシャス!!」を立ち上げ、『がんばれ仏教!』(NHKブックス)という著書を出版し、さまざまな宗派の人たちから講演に呼ばれて全国を行脚している。つい先週も「ボーズ・ビー・アンビシャス!!」で僧侶たちと寺の活性化を論じ、一昨日は「仏教ルネッサンス塾」で仏教的スピリチュアル・ケアのあり方を論じ、そして昨日は大阪での講演だった。超多忙な法王のスケジュールの間を縫って急遽(きゅうきょ)決まった日程とはいえ、日本での予定をキャンセルすればこんなハードな移動にはならなかったはずだ。しかし私には、日本の現場で熱く語り合ったエネルギーそのままに法王にお会いしたいという気持ちもあった。宗派を超えて集まった若手僧侶たちや、塾に集う人たち、そして大阪の浄土真宗の僧侶たちは「ぜひ胸を張って日本人の代表として対談をしてきてください!」と、私を励まして送り出してくれた。

この暴力が吹き荒れる二一世紀のなかで、仏教にはいかなる使命があるのだろうか。そして崖っぷちに追い込まれ、多くの人々の信頼を失ってきた日本仏教にはいかなる未来があるのか。その答えへのきっかけを何としてもこの対談のなかでつかみ取りたい……。私はすこし温まった身体を毛布にくるみ、また眠りの底に落ちた。

助走

……どのくらい走ったのだろうか。左右への激しい揺さぶりで私は目を覚ました。車は峠道にさしかかっていた。暗闇のなかヘッドライトに浮かび上がる左右の急カーブを、若い運転手は猛スピードで果敢に攻めていく。目を閉じていてはすぐに酔ってしまう。私は頭上の手すりを握りしめながら何とかその運転に耐えた。そして無事にダラムサラに着くことを心から祈った。ガードレールもない道からここで転がり落ちてしまえば、すべてが終わってしまう。何とか生きて法王にお会いしなければ。世界中で激烈な運転を何回も体験してきて、少々のことではひるまぬ私だが、今日は思わず天に祈らざるをえなかった。

愛と慈悲を説かれるダライ・ラマにお会いする途上での、この暴力的な運転。ピースフルな雰囲気に満たされて心静かにダラムサラを目指すという、「いかにも」の旅とはまったく正反対だ。しかし車の遠心力に揺さぶられながら、これも今回の対談の助走に似つかわしいのかもしれないと私は思った。

私の年代から下の世代にとっては、ダライ・ラマはスピリチュアルな大スターだ。

笑顔を絶やさず、愛と慈悲と平和を説き、一人ひとりの心の目覚めを説く。ノーベル平和賞の受賞後、ダライ・ラマは国境を超えて、精神世界の偉大なアイドルとなった。平和の使者、ピースフルなリーダーとしてダライ・ラマは世界中から招かれ、国家の指導者や宗教的指導者、著名な芸術家や科学者たちと対話を繰り返している。

しかしダライ・ラマの人生が常に巨大な暴力にさらされたものだということを認識している人は、この日本では必ずしも多くない。「ダライ・ラマと対談？　じゃあチベットに行くの？」と何人もの人から聞かれた。

年長世代の日本人は、中国人民解放軍がチベットに侵攻し、多くのチベット人が命を奪われ、首都のラサも中国の支配下となって、二三歳の若きダライ・ラマがインドに政治亡命せざるをえなかったという歴史を知っているかもしれない。しかしその出来事が起きた一九五九年三月一七日にまだ私は零歳児だった。ほぼ私の人生の長さと同じだけ、法王はインドで亡命生活を送っている。半世紀近くの長きにわたってチベットに一度も帰ることができず、亡命政府のリーダーとして、中国政府に対して、世界に対して、チベットの自治の回復を訴え続けているのだ。

中国人民解放軍の侵攻から現在まで、百数十万人のチベット人の命が奪われたといわれる。文化大革命の時代に仏教僧院は徹底的に破壊され、国家政策による大規模な入植者の流入によって、チベット人は母国でも少数民族となってしまった。チベットでは現在も言論の自由はなく、逮捕や拷問などの人権問題が頻出している。つい数週間前にも、中国からネパールに国境を越えようとする無抵抗のチベット人に中国人民解放軍が発砲し、射殺するというショッキングな映像がインターネット上に公開され、国際的な非難を呼び起こしたばかりだ。

世界中の多くの人々の心を捉えている、愛と慈悲と平和の使者であるダライ・ラマは、百万人以上の民が他民族の侵攻によって殺され、現在もその暴虐が続いている国の亡命政府のリーダーである。その状況のなかで、なおかつ愛と慈悲を説くリーダーなのである。

一七年前にインドで講演を聞いてから、私は長い間、ダライ・ラマの姿を直接拝見する機会はなかった。しかし、二〇〇四年にインドのデリーの国際会議で、二〇〇五年には私が教鞭(きょうべん)を執(と)っていたアメリカのスタンフォード大学でと、二年間連続してダライ・ラマの講演を聞く機会に恵まれ、私は強い驚きにとらわれた。そこには、膨大な数の著書からはうかがい知れぬ、生身のダライ・ラマがいた。その姿を拝見するだけで誰もが幸せになってしまう柔和な笑顔の内に、実は激しいエネルギーが燃焼している。そして自分の話が毒にも薬にもならない「ありがたい話」として聞かれることをダライ・ラマは断固拒否していた。それは真に世界に訴えかけることを自覚している宗教者の姿であった。

今日も自由な地を求めて、ダライ・ラマの姿を心に抱きながら、自分の命が失われることも覚悟して、中国国境を越えてくる人々がいる。一方で飛行機のファーストクラスに乗り、ホテルの豪勢なスイートルームに泊まりながら、愛と平和のスピリチュアル・アイドルであるダライ・ラマに会いに世界中からやってくるビッグ・ネームの歴々がいる。こうやって山道の急カーブの遠心力に耐えている私の姿は、そのどちらからもかけ離れているけれど、それが紛れもない現在の私の姿なのだと思った。

それにしても私の身体は疲れ切っていた。車が峠を越えて、揺れが緩やかになると私はまた眠りに落ちた……。

再会

光を感じて目覚め、私はアイマスクを取った。そして息を呑んだ。夜はもう明け、目の前には朝日に照らされたヒマラヤの山々が壁のようにそびえ立っていた。車は埃っぽい北インドの町並みを通り抜けていく。しかしその薄暗く地味な町並みとはとても同じ世界とは思えぬ、光り輝くヒマラヤの山々が、私の進んでいく道の向こう側に圧

ダラムサラに向かってひた走る我々の前に、壁のような山脈が立ちはだかってくる

倒的な量感で立ちはだかっている。いままでの人生で一度も見たことのない、鮮烈な光景だった。

とうとう来た。ヒマラヤの麓までやってきたのだ。そしてそこにはダライ・ラマが待っていてくださる。私の胸の鼓動は一気に高まった。

ダライ・ラマ法王と初めて個人的にお会いしたのはちょうど一ヵ月前だった。対談の許可をいただくために東京のホテルの謁見室に赴いた私を、法王は部屋の入り口で待っていてくださった。そして緊張している私の手を取り、入り口からソファまで先導してくれた。ダライ・ラマと手をつないで歩くという、思いもかけぬ出来事に私の胸は驚きで高鳴り、しかし同時に何かとても懐かしい温もりを感じた。ソファに座ると法王は「君は日本仏教の復興運動に取り組んでいるんだね。ほんとにすばらしいことだ」とおっしゃり、「広島の講演で、会場から質問した君の問いかけはとても良かった」と続けた。

「私は仏教にはこの現代でこそ、大きな役割があると思えるのですが、仏教者たちがそれを自覚していないことが歯がゆいのです」と私は答えた。

「まったくその通りだね。僧侶たちは仏教のことしか知らない。いや、実は仏教も知らないんだけどね。自分たちが何をやっているのかも分かっていないで、儀式ばっかりやっている僧侶がチベットにもたくさんいますよ」といって、ダライ・ラマは大笑いした。

そして、しばしの対話の後で、私がおずおずと切り出した「法王と対談をさせていただけないでしょうか。ダラムサラにうかがわせてください」という申し出に、法王は「もちろんです。いつでもダラムサラにいらっしゃい」と即答してくださったのだった。

その日以来一ヵ月、片時たりとも私の心からダライ・ラマが離れたことはなかった。

この世界から争いをなくしたい。弱いものいじめをなくしたい。みんなが平和で幸せであってほしい。幼少時から私を捉え続けてきた、妄想ともいうべき思いに、今度こそ何らかの解答が得られるのだろうか。この人の前ならば、すべてをぶつけることができる。そう私は思いながら、この一ヵ月を過ごした。そして、ようやく到達したヒマラヤの巨大な山並みに直面し、私は武者震いする思いだった。

しかし実はまだダラムサラには着いていなかった。そこから道は急に舗装が悪くなり、田舎のでこぼこ道になった。激しく上下に揺さぶられ、お尻をしたたかに座席に打ちつけながら、車はぐいぐいと坂を上っていく。ダラムサラは遠かった。

ようやく車はダラムサラを見渡す峠に到着した。雪をいただいたヒマラヤの峻厳（しゅんげん）な山並みの手前に、森に覆われた山々がなだらかな山容を見せ、その中腹に町が水平に広がっている。それは何か、天空の城ラピュタといった雰囲気で、ふんわりと虚空（こくう）に浮かんでいるように見える。その町並みの一番右端に見える黄色の建物が、ナムギャル寺である。そしてそこにダライ・ラマがいらっしゃるのだ。

やっとホテルに着いた。デリーから一三時間の長旅だった。窓からは山並みと平原が見渡せる。しかし景色を見ている余裕はなかった。私はすぐにカーテンを閉め、冷え切ったベッドに、車のなかでも寒気から守ってくれた分厚い毛布を敷いて、すぐにくるまった。短い眠り、しかし一時間でも横になれるのはありがたかった。

目覚ましをかける必要はなかった。しばしの眠りのあと、私は自然に目覚めてしまった。私の全意識は、これから始まる対談へと既に集中していた。

身支度をしてホテルを出る。五分ほど歩くとそこはもうナムギャル寺だった。入り口を入ると左手にヒマラヤの山並みがそびえ立つ。その山並みに背を向けて階段を上っていくと、ナムギャル寺の正面に出る。寺と中庭を挟んだ反対側に、ダライ・ラマのお住まいがあった。英語ではパレスと称される住まいだが、しかしそれは宮殿というには極めて質素なものに見える。厳重なセキュリティ・チェックを受けると、私は建物に入り、待合室へと進んだ。落ち着いた木調の部屋には、壁にはいくつかのタンカ(チベットの仏画)がかかり、本棚には法王の著作が並んでいた。

待つことしばし、ダライ・ラマ法王が入り口に姿を現した。にこやかな笑顔だった。

「ウェルカム!」と法王はいった。そして私の手を取ると、廊下を進み、謁見の間へと先導してくださった。東京で別れたときのままのダライ・ラマ法王だった。

第一章

世界の何がおかしいのか

上田紀行　ダライ・ラマ法王猊下(げいか)、本日はこうやって対談の機会をいただきまして、ほんとうにうれしく思っております。私の夢がかなったという思いでおります。

ダライ・ラマ　私も楽しみにお待ちしていましたよ。

上田　まず初めに、私自身がどういう思いでこちらに来させていただいたのかということを、自己紹介を兼ねまして短く申し上げたいと思います。

内なる平和と外なる平和

上田　私自身は、いま、東京工業大学という日本を代表する科学技術系の大学で文化人類学や社会変革論を教えています。価値システム専攻という私の専攻の目的は、文科系と理科系の両方を融合した、二一世紀に即応した新しいタイプのリーダーを育成することで、単なる知識の伝達ではなく、ディスカッションを重視した教育を行っています。

もう一方で、いま、日本社会の再生という願いのもと、日本仏教の復興運動といいますか、再活性化を促す運動を進めています。「仏教ルネッサンス塾」という対話と学びの場を四年前から始めまして、その塾長を務めています。そして、若手僧侶が宗派を超えて集まって対話をし、議論をして、これからの日本仏教を語り合うという「ボーズ・ビー・アンビシャス!!」という催しも主宰しているところです。

いまあらためて振り返りまして、私自身の現在のこういった活動を考えてみますと、私自身の幼少時からの思いがそこに結実しているような気がしています。というのは、ものごころがついた一〇歳ぐらいの頃から、なんで世界に差別が存在するのかとか、なんでこんなに飢えた人々がいるのかとか、なんで戦争で人と人とが殺し合わなければいけないのかというようなことに、ときとして心がとらわれてしまう子どもであったのです。そしてそうやって世界の差別や暴力について考えるとき、子ども心に思っていたのは、自分一人はとてもちっぽけな存在だから、何も変えることはできないのだという無力感でした。何十億人もの人が生きているなかで、自分一人がそう思っていても何もできないのではないか。いまから考えますと何でそんな幼少時から無力感を感じていたのか不思議に思うのですが、いずれにしても、社会的な問題といいますか、政治的なものに小さな頃から心が引きつけられつつ、しかし無力感も同時に感じるという変な子どもだったのです。

もう一方で、私が二歳半のときに父親と母親が離婚をしたので、私は母一人・子一人の家庭で育ちました。そのなかで幼少時にお手伝いさんから虐待を受けたりとか、思春期には親子関係で大きな心理的な葛藤があったりとかで、ノイローゼになってカウンセラーに通うことになったりしまして、人間の愛情とか憎しみというのはどこから発生してくるのかとか、そういった人間の内面の問題にもずっと関心を持たざるを得ませんでした。

大学に入りましてから、政治犯の救援運動に関わり、人権運動や平和運動に参加したのですが、そのなかで、ショックを受けてしまったというか、絶望的になってしまったことがありました。というのも、平和運動をやっている人同士の仲がものすごく悪いということなのです。お前の平和の定義は自分の平和の定義とこんなふうに違うなどということを言い合ってはお互いを攻撃し合うわけです。世界を平和にしたい、弱者を助けたいといった、ほとんど同じことを考えている人同士が、定義の小さな違いというようなところで言い争い、お互いを傷つけ合っている。それではほんとうに世のなかに平和などはもたらされないのではないかと、すごく絶望的な気持ちになってしまいました。ちょうどそのときに親離れの問題などとも重なって、私はノイローゼになってしまったのです。

ダライ・ラマ　あなたのグループの平和の定義はどういうものだったのですか。

上田　当時、私は左翼的なグループにいたものですから、単なる戦争をしていない状態を平和とは考えていませんでした。世界にこれだけ貧富の格差があり、差別があるところで、たとえ戦争がないにしてもそれを平和とは呼べない。その格差や差別が固定化されてしまえば、それは虐げられたものにとっては平和な状態でもなんでもないわけですから。その意味で、我々の平和の定義というのは、徹底的な人々の間の平等であり、それに向けて格差と差別を打ち破っていくことでした。

後から知ったのですが、この平和の定義は、単に戦争等の「直接的暴力」がないことを平和と定義する〈消極的平和〉ではなく、差別や貧困といった「構造的暴力」がない状態を平和と定義する〈積極的平和〉の考え方だったと思います。

ダライ・ラマ　なるほど。

上田　しかし、そうやって「弱者を救済する」といった平和の定義を共有しているにもかかわらず、ほんの小さな違いを見つけ出しては、「お前は仲間ではない。お前は敵だ」とやり合うわけです。そしてただでさえ攻撃性の強い若者同士ですから、お互いをほんとうに傷つけ合ってしまう。それは辛い体験でした。

そのなかで、私のなかには「これはおかしいのではないか」といった疑問が生まれ始めていました。社会的、政治的に平等であるといった外面的な平和とともに、何か内面的な平和ともいうべきものがあるのではないかということに、その頃から気づきだしたのです。平和を論じ、平和に向けての行動を起こしていても、私自身が平和でなければ何にもならないのではないか。私の心が平和でなければ、私自身が次々に敵を作り出して永遠に戦い合うことになってしまうのではないか。そう考えるようになったのは、そうした平和運動のなかでの激しい葛藤とともに、先ほど申しました私の親子関係での葛藤なども影響していたのだと思います。ところが、そういうことをいうと、政治的なグループのなかでは、批判を受けるわけです。そんな弱々しいことをいっていてどうする、それはお前の個人的な問題なのであって運動とは関係ないとか、お前は政治よりも心の世界に行ってしまったのかとか、非難されるような風潮もありました。

しかしいくら批判されても、それは私の人生の問いとなっていきました。外なる平和と内なる平和はいかに調和し、両立するのか。二〇代はそのことをずっと考え続けたような気がします。そうしたこともきっかけとなって文化人類学者となり、スリランカで二年間フィールドワークも行いました。そして、三〇代の初めに出版した私の

処女作の『覚醒のネットワーク』（カタツムリ社）のなかでは、外なる平和を求めていく社会運動と、内なる平和を求めていく精神世界の運動、スピリチュアリティの運動がいかに結合するべきであるのか、ということを論じたのです。その「私を癒し、世界を癒す」という「癒し」の思想は、当時としてはたいへん斬新な提案で大きな反響を呼びました。そして私は「癒し」という言葉を日本で最初に提案した人間ということになり、それ以後新聞やテレビ等のメディアを通じて社会的にも積極的な発言をさせていただくようになりました。もっともその「癒し」という言葉はそれから大ブームとなり、しかしそれとともに単なる「個人的な慰め」といったような意味に矮小化されてしまい、私はそのことには大きな不満を感じているところです。

ただ、いまから考えると不思議なことなのですが、私は内なる平和と外なる平和というものを考えるときに、仏教のことはまったく考えなかったわけです。というのも、仏教国のスリランカで二年間もフィールドワークをしていたにもかかわらず、私自身の考えでは、日本の仏教というのはまったく力がなく、そしてそれ以上に詐欺というか、何かまがいものというような感じがしていたのです。

ダライ・ラマ　……搾取ですね。

上田　ええ、仏教の僧侶はたとえば、慈悲の尊さはすごく説くのですが、現実に慈悲は実行しない。口先では「慈悲の心を持って、思いやりを持って生きなさい」と説くのですけれども、現実に困っている人や虐げられている人がいても、その人たちの姿は自分たちの目に入らないし、目に入ったとしても何もしない。つまり、仏教の教義は説くのですけれども……。

ダライ・ラマ　実践には移さない。

上田　その通りです。そして、古くさい儀式ばかりを繰り返していて、そこからお金を得ていく。それは単に職業的にお坊さんという仕事をやっているだけなのであって、もう宗教者とは呼べないのではないか。そんなふうに、二〇代の私の目には映じていたわけです。

ただ、それは単に私がそう思っていたというのではなく、現在の日本のかなりの人たちが感じている仏教観でもあります。仏教の考え方は正しいような気もする。ただ現実のお寺や僧侶は……、というわけです。「葬式仏教」という言葉がありますが、これはだいたい日本仏教を批判するときに使われます。葬式や法事といった先祖供養の儀式ばかりやっている。そしてその儀式も、ありがたくもなければ宗教的でもない。なおかつたいへんなお金を要求するようなとんでもない僧侶たちがいて、お寺は庶民からお金を巻き上げてのうのうと肥え太っている、といったような意味です。

もっともこうした見方は若干の偏りを含んでいることも申し上げなければいけません。収入が多くたいへん裕福なお寺がある一方で、多くのお寺は貧しく、住職がほかの職を兼業しないとやっていけないお寺も少なくありません。そしてほんとうに清い心をお持ちの立派な僧侶もたくさんいる。しかし批判されるような、どうしようもない僧侶たちが存在していることも確かで、そうした僧侶たちは日本仏教の評価をほんとうに貶めています。

「葬式仏教」にしても、もしそのお葬式がたいへんすばらしいものであったとしたならば、私たちは「すばらしき葬式仏教」だと胸を張れるのですが、実際には必ずしもそうなっていない。儀式化してしまった宗教のその儀式の部分もダメになってしまったとなるともう何も残るものはない、寺や僧侶たちもなくなったほうがいいのではないかといった極論をいう人すらいます。そして、なくする必要すらなく、もう用済みの仏教は自然に衰退し消え去っていくという人もいます。

しかし私は決してそうなってはいけないと思う。日本仏教をここで死滅させてはならないと思うのです。

確かに日本仏教の現状はとても満足とはほど遠い状況です。しかしそれは仏教の持つ可能性が十全に活かされていないからではないか。これまでの時代状況のなかで日本仏教が変質させられてしまったから今日の状態があるのであって、仏教の本質を見極め、それを甦らせれば、必ずやそれは現代の私たちの苦しみを救うものとなるのではないか、この時代を救うものとなるのではないかと思えるのです。

そう私が確信するようになりましたのは、私自身がこの一〇年ほど、すばらしい僧侶やすばらしいお寺の活動というものにずいぶんと出会ってきたからです。それはこの時代の苦しみに向かい合っている僧侶たちです。年間三万人もの自殺者を生み出す日本社会で、自殺する人を何とか減らそうと取り組んでいる僧侶。不治の病に苦しんでいる人のターミナルケアに関わっている僧侶。お年寄りに対して、これからの余生をどのように過ごし、どのように死んでいきたいかをともに考えようと呼びかける僧侶。元気がなくなりがちな若者たちを励まそうと寺院を改造して若者のたまり場にしている僧侶、非行に走った若者を引き取って共同生活している僧侶もいます。また日本国内に限らず、被爆国の日本人としてチェルノブイリの原発事故の被害で白血病になっている子どもたちを助けたり、見捨てられたタイのエイズ患者を助けたり、難民の子どもたちの教育に打ち込んでいる僧侶たちもいます。また、こういった一見派手な活動をしていなくても、事あるごとに地域の話し合いや行事に参加しては、その誠実さや人柄で多くの人たちに影響を与えている僧侶たちもいます。

こうした僧侶たちの活動を見ていますと、彼らは言葉で慈悲を説くだけではなく、ほんとうに行動において慈悲を体現しているように見えますし、こうした僧侶やお寺は多くが地域のコミュニティのセンターとして、活気ある場となっています。お寺が人と人をつなぐ場となり、一人ひとりを支える場となっているのです。

もっとも、そうした慈悲心にあふれた僧侶や寺というのは、必ずしもその仏教教団から高く評価されているとは限りません。自分の宗派の教えの「布教」を為すべきだが、こうした活動は布教ではないというのです。布教とは自分の宗派の教えを広めることであり、自分の宗派の創始者の言葉をひたすら繰り返していれば布教になるし、たとえば禅宗では寺で座禅会をやれば布教になります。しかし、こういった慈悲を実践している僧侶は単なる社会活動をしている僧侶として、その教団内では「もっと宗教活動をするように」という目で見られることも少なくありません。こうした僧侶たちが、官僚化し硬直化した教団のあり方に批判的なことが多いことも、教団がこうした意欲的な僧侶に否定的な理由の一つではあるのですが。

しかし、このように慈悲を体現している僧侶たちに会ってみれば、彼らが彼らの宗教性をないがしろにしているとはまったくいえないし、彼らはむしろ宗教的にたいへん真面目で、苦しんでいる人をそのまま放置しておくことができない人たちなのです。そして仏教の可能性を信じているからこそ、そのように前向きの活動をしているわけなのです。そのことにたいへん感じるところがありまして、私自身は『がんばれ仏教！』という本を出版し、そのなかでそうした活動をしている僧侶のことを取り上げました。そしてこの本は大きな驚きをもって迎えられました。こんなにすばらしいお坊さんたちが日本にもいたのかといって、多くの人々がたいへん驚いたのです。同じように意欲的な活動をしていて、それゆえにほかの僧侶からは白い目で見られている僧侶や、これからの日本仏教を変えていきたいと思っている若手僧侶たちなどからは、「よくぞ言ってくれた」「励まされた」とたくさんのメッセージが届くことになりました。そして「仏教ルネッサンス塾」が生まれ、宗派を超えて若手僧侶たちが話し合う場である「ボーズ・ビー・アンビシャス!!」が生まれました。そして私自身はどの宗派の宗教的な権威ともまったく無縁なものですから、日本の多くの伝統仏教教団からも宗派に偏ることなく招かれて、お話をさせていただくようにもなりました。面白いことに、教団は保守的だといわれてきたのですが、招かれて行ってみると、どこでも「僧侶たちの目を覚まさせてください」とか「僧侶に元気を与えてください」とかいわれるのです。人々を目覚めさせたり、元気を与えたりするのはそもそも僧侶の側だと思うのですが……。しかしこれまでの日本仏教の枠組みのなかでは僧侶たちもなかなか元気になれず、若手僧侶を中心として、いまやそれだけ危機感が高まり、新しい仏教の姿を求めている人たちが次々と現れているということなのでしょう。このように、まだ微力ではあるのですが、『がんばれ仏教！』は、仏教の新しい復興運動の一つのきっかけとなったのだと思います。

さて、こうやって本日と明日、法王猊下と対談をさせていただくにあたり、まず第一に、私はこれまでの日本仏教をめぐる状況を踏まえまして、仏教の教えがいかに現実問題に関わっていけるのかを考えていければと思っております。仏教の教理と現実の社会の変革の間にはミッシング・リンクといいますか、まだ欠けている部分が存在しているように思えるのですが、そこにぜひともかけ橋を架けることができればというふうに考えております。

そしてもう一つ、いかにしたらほんとうに利他的な社会、一人ひとりが他を思いやり、助け合える社会を建設することが可能なのかということもぜひ議論してみたいと思っています。昨今の日本政府は、政策的にますます個人の利己心を煽ることで社会を活性化していこうとしているように見えます。新自由主義、市場原理主義という、資本主義のなかでも極めて歪んだ部分を拡大化したようなイデオロギーのもと、自分の利益を最大化することが社会のためにもなるといわんばかりの改革が推し進められています。そしてそれは日本に限らず世界的な潮流でもあるように思われます。競争こそが社会の根本原理であり、他者と競争して勝利し「勝ち組」となって利益を手にしたいという動機づけからの行動こそが、強い国、強い社会を生み出すのだといわんばかりの、浅薄（せんぱく）な社会観、社会哲学が大手を振ってまかり通っているような印象を私は強く持っています。

私は二〇〇五年に出版した『生きる意味』（岩波新書）という著作で、そうした弱肉強食的な浅薄な哲学からは決して私たちの人生を支える深い意味はもたらされ得ないと、真っ向から批判を試みました。なぜこれだけ経済的に豊かな日本社会で、年間三万人以上もの人が自殺をしてしまうのか。何一つ不自由していないように見える日本の若者が、なぜ突然キレて人を刺してしまったり、引きこもりになってしまったり、自分を傷つけてしまったりするのか。そうした日本の状況を踏まえて、私たちはいかなる二一世紀社会を建設していくべきなのか、ぜひ議論をさせていただければと思っております。

ダライ・ラマ　とてもすばらしい提案ですね。

上田　短く申し上げるといいながら、けっこう長くなってしまいましたが、自己紹介を兼ねて、私の問題意識を述べさせていただきました。

ダライ・ラマ　いまお話しいただきましたあなたの一〇歳の頃からの心の歴史はたいへん興味深いものがあったと思います。左翼的なものの考え方、つまり社会主義的なものの考え方は、私自身の考えにもとても似ています。ですから、そういった似た考えの方とお目にかかって対談をさせていただくことを非常にうれしく思っています。

私たちはもちろん異なった体験を持ち、異なった世界観を持っているわけですが、そうした二人が意見を交換する機会を持てることはほんとうにすばらしいことだと思います。あなたがいまおっしゃった問題はもちろん簡単に解決できることではないでしょう。そして、これは日本だけに限らず世界中のいたるところで起きている問題であると思います。

こういった問題を解決するために、社会主義的な立場から、どのように実際のアクションを起こしていくかということを考えていくのはとても有益であると思います。今日の社会では二つの社会主義のカテゴリーがあります。社会主義のシステムに則りながら、より自由や民主主義を尊重するという、たとえば、スウェーデンやほかのヨーロッパの国々のような社会民主主義が第一のカテゴリーです。

そして、第二の社会主義のカテゴリーは以前のソビエト連邦であるとか、中国といった国々です。もっとも中国はいまではもう社会主義とはいえないですね（笑）。そして北朝鮮ももう社会主義とはとうてい呼べない代物です（笑）。

上田　あれを社会主義と呼ぶ人はもう誰もいないでしょう。

ダライ・ラマ　そういった第二のカテゴリーの社会主義にはもうまったく望みがない。そこで、私はヨーロッパ諸国のような社会民主主義こそが正しい方向なのではないかと考えています。極端な資本主義でもなく、極端な社会主義でもない。個人がお金を儲けて、利益を得る自由があるという意味では資本主義的ですが、それと同時に、社会保障、社会福祉に関するケアも十分にあるというような社会体制です。

さて、ここからはもう少し具体的な質問を投げかけてもらって、その一つ一つの点に関して詳しく議論していければと思います。

利他的な社会はあり得るか

上田　それではまず、どうしたら利他的な社会をつくり上げていけるのかということから議論していきたいと思います。

慈悲と思いやりに満ちた利他的な社会を目指していくということは、法王が常々おっしゃっていることでもあるのですが、私も「利他的社会の建設」ということが二一世紀の人類社会の大きな目標になるのではないかと考えています。

利他的な社会、そこに生きる人々が皆、利他的である社会というのは、私たちにとって一番安心して生きていける社会なのではないか、というふうに私には思われます。つまり、もし、私の周りの人たちが利他的な人たちなのであれば、私自身が何かのトラブルに巻き込まれてたいへんなことになっていても、周りの人は私のことを喜んで助けてくれようとするでしょう。逆に私の友人たちが何かのトラブルに巻き込まれて困っている場合は、私はその人を助けることに喜びを見いだすことになるでしょう。そういった思いやりに満ちた社会であれば、その社会のなかには、ほんとうに、不安などはなくなるというふうに思うのです。

ダライ・ラマ　まったくその通りですね。

上田　ところが、さきほど申し上げましたように、現在の私たちの政府は、むしろ、一人ひとりの国民の利己的な意識を強めていくなかで社会を活性化しようとしているように見えます。

国民一人ひとりが自分の利益を最大化するように行動しなさいといわれる。あなたも市場主義経済の一員なのだから、自分が一番稼げるところに行きなさい。儲からない仕事はやめて、できるだけ儲かる仕事に就きなさい。たくさんお金の儲かる仕事がいい仕事で、儲からない仕事は悪い仕事です。となると、社会の弱者に関わり、低賃金で老人の介護をしていたりする人よりも、株や投機でその何十倍も稼いでいる人のほうが成功者で偉い人だということになってしまいます。

そうやって、あなた自身も市場経済のなかでの一つの商品なのだから、なるたけ自分を高く売るようにと仕向けられます。そして高く売れるかどうかは市場の自由競争で決まるのだから、たとえそこで自分が低い報酬しか得られなくてもそれは競争の結果であり、自分の責任だといわれます。だからどんなに困っても誰も助けてくれない。それはあなたが努力しなかったからだろうというのです。だから誰もが必死で自分を守らなければなりません。なぜなら自分が困っても誰も助けてくれないからです。そうやって、私たちは自らの利己的な利益にしがみつかざるを得ないように誘導されています。

しかし、多くの人たちはそうした利己的な世界観に大きな違和感を持っています。たとえば親たちは自分の子どもに対して、やはり思いやりのある子に育ってほしいなとは思っていたりするわけです。しかし、そこで一つ大きな問題があります。というのは、もし私が利他的な存在で思いやりのある人間であっても、私を取り囲んでいる友人たちや仕事の相手や、社会全体が利己的なものであった場合に、私一人が利他的であっても、それは結局、周りの人に食いものにされて、利用されてしまう犠牲者になってしまうのではないか、ということです。

もし社会全体が利他的なものであれば、私が利他的になることは容易であるように思えるのですが、私を取り囲む社会環境が利己的なものである場合は一人だけ利他的になるということは難しいことのように思えます。しかしそうした状況を超えて、利他的な社会をつくり上げていく、私が利他的な存在になる、そして、まさに慈悲というものに目覚め、それを体現していくということは、どういうふうにすれば為し遂げられるものなのでしょうか。

ダライ・ラマ　最初から本質的な質問をいただきました。慈悲ある社会をつくる、そして、慈悲ある人間性を築いていくということは、私自身の人生における主な使命、目的となっています。なぜ、私たちが慈悲ある社会を形成していかなければならないのかといいますと、人間は基本的に社会的動物であり、社会生活を営む生きものであるからです。ですから、個人個人の未来は、完全にその社会に依存しているわけであって、もし社会が幸せであって、社会が繁栄していれば、それによって個人も最大なる恩恵を社会から得て、個人も幸せになって繁栄していくことができるからです。それは自然の法則です。ですからどんな国であっても、たとえ人々が互いにだまし合ったりすることがあっても、ほんとうの意味での友人関係を築くことができなくても、やはり人間は基本的には人とともに生きていくことを望んでいるのです。

だからどの国においても、都市や町、村などが形成されてきたといえます。もっとも日本という国はある意味では例外かもしれません。というのは、非常に大きな人口を抱えた国でありながら、国自体の面積が狭い。つまり、人々は小さい面積のなかにギュウギュウに詰め込まれて暮らさないといけない状況にあります。国の面積が小さいことに加えて、その国土のなかには小さな山がたくさんあって、住める面積が非常に少なくて限られています。ですから、日本人の場合は、そういった条件から、狭い都市部にほんとうにひしめき合いつつ生きていかなければならないかもしれないですね（笑）。

つまり、世界のどんなところでも、人間はほかの人々とともに生きていくほうがより容易に生きていけるという理由から、私たちは村をつくったり、町をつくったり、都市を形成することによって、一つのコミュニティのなかで、社会的な生活を営んでいるのです。そしてそのような人間の持っている自然な本質によって私たちはともに生きていかなければなりません。私たち個人の持っている興味や関心、そして個人の生活は、私たち一人ひとりが属しているコミュニティに完璧に依存しているのです。

私の考えるところでは、いわゆる未開発の地域に生きている人々は、都市部で暮らしている人々に比べて、人間の基本的な本質を維持している部分が多く、お互いの人間関係がより親密なのではないかと思います。たとえば、遊牧民であるとか、農民であるとかのほうが、たとえばインドにおいても田舎のほうに住んでいる人のほうが、共同体の意識がより強いのではないかと思います。アメリカにおいても、都市部に暮らしている人々と田舎で暮らしている人々の間には、大きな感覚的な違いがあるだろうと思います。おそらく、日本でも同じなのではないでしょうか。つまり、田舎に住んでいる農夫たちと、大都会で生きている人たちとの間には、自分が一つの社会共同体に属しているのだという感覚において大きな違いがあるのではないかと思います。この点についていかがでしょうか。

上田　おっしゃる通りです。日本でも田舎と都会では、共同体意識に関してとても大きな違いがあります。全体としては近代化が進んでいるといわれる日本でも、農村や漁村ではまだまだ共同体の感覚は強いものがあります。

ダライ・ラマ　そこで問題なのは、どうしてそのような違いが生じてきたのかということです。未開発な地域においては、人間同士がお互いに協力することが必要になります。互いに助け合い、ともに分かち合うという協力的な姿勢や、自分が社会の一員であるという認識がより大切になってくるのです。たとえば、誰かが亡くなったときには、共同体の誰もが集い、悲しみをシェアしたりしますね。そのようにより協力的になることを必要とされる社会に生きていればいるほど、私たちには、自分がその社会の一員であるという感覚がより強くなるのは必然的なことではないでしょうか。

ところが、大都会に住んでいる人たちのことを考えてみると、各個人は、会社や工場などで働いていて、それぞれのサラリーを得ている。それは、より協力的な社会に住んでいる人たちとは違って、自分が自分に与えられた仕事をして、自分自身のサラリーを得ているといったような、自分自身がまったく独立採算を営むものとして完結しているような感覚を生じてしまうわけです。ですから、たとえ二人以上の人が一緒に働いている職場であったとしても、自分の役割を自分が果たし、それに相当する給料を得るという意味において、自分がまったく独立した存在であるかのような感覚を持ってしまうわけです。そのような場合には、自分が社会に属している一人の人間であるというような感覚が薄れてしまっているのではないでしょうか。そして、自分は独立して仕事をし、自分で自分の口を養っているのだ、といった感覚が芽生えていきますと、間違った認識を持つようになってしまいます。自分はほかの人たちにはまったく依存する必要はなく、独立した存在であるというような、間違ったものの考え方に陥ってしまうわけです。

そこで、友人関係においても、社交的な場においてただほかの人たちと一緒に集まり、微笑(ほほえ)み合い、あいさつをかわす。それだけのことで終わってしまうわけです。深い部分においては、自分というのは一人の人間として完全に独立していると思いこんでいる。しかし、それこそがまったく誤った認識なのです。その認識は、非常に表面的なものでしかありません。そしてこの誤った認識こそ、人間は社会的動物である、という基本的な人間の本質から私たちを遠ざけてしまっているのです。

私たちの人生において一番大切なもの

ダライ・ラマ　そのような場合、私たち人間が持っている、すべての人たちに共通している基本的な価値や本質的なよき部分を見失ってしまった状態になっているのではないかと思います。そして、私たち人間の人生における一番の基本となっているのはお金である、というような思い違いをしてしまうのです。さらに、そのお金を生み出す源は何か、というと、その人の持っている技術や可能性なのであり、利他心がお金をもたらしてくれるのではありません。そのような考え方をしてしまうと、お金がすべての私たちの可能性や幸せをもたらしてくれる、というような誤った認識に陥り、私たち人間が求めている本来の幸せというものは、利他心ややさしい思いやりによって得られるものではない、というふうに思ってしまう。そういう誤りに陥ってしまうのです。

現実の社会はこういうシステムにはなっていないでしょう？　つまり、人に対する思いやりや愛をよりたくさん持っている人たちがたくさんのお給料をもらい、人に対して残酷で思いやりの欠けている人が少ないお給料をもらっているというようなシステムには……（笑）。

上田　全然なっていないです。むしろその逆のシステムなのではないでしょうか。

ダライ・ラマ　このように、私たちが生きているこの社会においては、私たちの人生は、完全にお金によって成り立っており、お金こそが私たちの人生において一番大切なものなのだ、というような思い違いを私たちはしてしまっているのです。そういった誤った認識を持つことによって、人間社会における教育方針においても、思いやりが大切であるということを強調するのではなく、お金を儲けることが大切なのだ、というような間違った方向づけをしてしまっているのです。

ですから、たくさんのお金がありさえすれば、思いやりのあるやさしい友人を持つことも、慈悲深い社会なども必要ではない、というような誤った認識を持ってしまうわけですが、それは完全に間違ったものの考え方であって、愛や思いやり、といった人間の持っている本質的な価値がいかに重要であるか、ということに対する理解がまったく欠けているのです。ですからあなたがいっていたように、たとえば、ある一人の人が何らかの個人的な心の問題に直面した場合には、お金ではそういった個人的な心の問題を解決することはできません。そのような場合に必要とされているのは何かといいますと、ほかの人が微笑みかけてくれ、やさしさを示してくれることであり、それによって自分の心の苦しみがいくぶんかでもやすらぎ、精神的なレベルの苦しみを乗り越えていくことができるのです。

ですから、他人が自分に対して思いやりやさしさを示してくれることによって、私たちは精神的に非常に救われる。そういったことによってより幸せな気持ちになって慰められるのです。これはお金によって為すことはできないことです。つまり、そういった精神的な面における私たち人間の抱えている苦しみや問題は、自分の得ている苦しみを誰かと一緒にシェアしてもらい、慰めてもらい、愛情をかけてもらうことによって初めて解決のできる問題なのです。

上田　人間が社会的動物だというのはアリストテレスを持ち出すまでもなく、人間存在の基本的な本質であるわけですが、しかしその「社会」が人と人との関わりによってできている社会なのではなく、いつの間にかお金によってできている社会であるかのように私たちは誤解してしまっているのですね。それは何もかもがお金で買えるのだという幻想に基づいているわけですが、よくよく考えてみれば法王がいまおっしゃられたように、思いやりやさしさは決してお金では買えないわけです。しかしなぜそんな基本的なことを人間は誤解してしまうのでしょうか。

ダライ・ラマ　基本的に人間は、ほ乳類に属する動物の一種です。しかし私たち人間は、複雑な心の機能を持っていて、そういった複雑な心の機能によって、お金こそが一番大切なものであるかのような間違った認識をも生み出してしまうわけです。それが間違った方向へと私たち人間を走らせてしまうのではないかと思います。

ほかの動物たちのことを考えてみると、ほかの動物たちには、人間ほど細かい心の動きがないことから、そういった間違った認識を生んでしまう可能性はより少ないのです。ほかの動物たちの社会のことを考えてみると、たとえば、一匹の犬が重い病気にかかり、死にかかって苦しんでいるというような場合、苦しんでいるその犬の前にひと切れの肉を持ってきてやっても、その犬はあまり喜ばないのではないかと思います。たとえその犬が病気でやせ細っていて食べものを必要としていたとしても、その犬がほんとうに必要としているものは食べものではなくて、ほかの犬がその犬をなめてやさしくしてあげることであって、それによってその犬は慰められるのではないかと思います。つまり一片の肉よりも、精神的な愛情をかけてやることのほうが、その犬の苦しみを減らしてやるためにずっと大きな効果をもたらすことができるのです。

それと同様に、私たち人間も深いレベルでは動物なのであり、動物たちとフィジカルな条件を共有しているわけで、それゆえにいま述べたことと同じことが人間にもいえるのではないかと思うのです。どれほどの億万長者であっても、その人が孤独感、寂しさ、悲しさといった精神的な苦しみに苛まれているような状態において、お金はその人の苦しみをなくす助けにはなりません。誰かがその人に対して愛情を示し、やさしくしてあげて、その人の孤独感や寂しさをなんとか一緒にシェアしてあげようとするならば、そのとき初めてその人は、そういった精神的な苦しみから逃れることができるのではないかと思います。つまり、私たち人間の持っているさまざまな感情によって生じてくる精神的な苦しみは、ほかの人たちが私たちに示してくれる愛と思いやりによって乗り越えていけるものなのです。

そこで、私たちは、人間として持っている基本的価値、つまり、他者に対する愛情や思いやりがいかに大切であるかということを理解することができます。愛と思いやりは、私たちの抱えている精神的な苦しみに対して、お金よりもずっと効果的であり、はるかに大きな影響力を発揮するのです。ところが、私たちは、自分自身が持っている認識は間違っている、ということに気がついていないのです。普段、私たちは、自分はこれで大丈夫なのだ、何の問題もない、というふうに考えていることが多いのですが、そういった状態においては、自分が間違った認識によって間違った方向に向かって歩んでいることにすら気がついていないのであり、それがまず一つの問題ではないかと思うのです。自分は健康であり、特に大きな問題もなく、お金もたくさんある。だから何でも買うことができるし、そのお金で人に頼んで何でもやらせることができる。そして自分には経済力もあり、権力もあるのだから、人を脅すことだってできるのだというような考えに陥ってしまうことさえあるのです。

しかし、そこでほんとうに深刻な問題が生じ、精神苦に苛まれると、それまでのお金に依存していた考え方が間違っていたことに私たちは気づきます。お金の力によって精神的な幸せや幸福感を得ることはできないということが、ここに至って初めてわかるのです。そして、お金に対して持っていたそれまでの期待も信頼も、裏切られることになります。しかしそれこそが現実なのです。

上田　お金で解決できるような問題に対処している間は気がつかなくても、いまおっしゃったような「ほんとうに深刻な問題」が起きたときに、私たちはそれまで隠されていた真の「現実」に気づくということですね。深く頷きながらそのお話をうかがっていました。確かに、そうした「大きな気づき」を得た人の多くは、大病で死に直面したり、事業が失敗して破産したりといった、大きな苦しみを体験している人が多いように思われます。そしてそれまでの自分がいかに驕り高ぶっていたかとか、権力はあったがいつも不安だったとか、いかに人生に対して世界に対して無知であったかとかを語り出すのです。そうやって人生の深遠に導き、新しい生き方を教えてくれた、その苦しみや悲しみに対して、むしろ感謝する人も少なくありません。

自分の不幸や挫折に対して、それが起こったことに感謝するというのは、一見奇異なことですが、そのことが起こったがゆえに大きな真理に気づくことができた。そしてそこで見いだされた愛や思いやりの世界の尊さは、そうした代価を払ってまでも見いだされるべき至上のものだということなのでしょう。それは法王のお言葉を借りれば、動物レベルの私という深層にまで貫かれた、人間存在の最も重要な本質というべきものなのですね。

人間は愛と思いやりを必要とする

ダライ・ラマ　そうですね。ですから一番基本的な問題は、私たち人間は社会的動物だということであり、実際に社会を成り立たせ、統合している要因は、法律なのではなくて、愛と思いやりなのだということです。我々は法律やルールで強制されて一緒に暮らしているのではなくて、私たち自身から自然に発せられる思いやりによって一緒に生活を営んでいるのです。そのような愛と思いやりこそ、私たちの住む社会を一つにまとめていくための正しい道であり、最も効果的な原動力となるものなのです。

そして、私たち人間の基本的な本質が社会生活を営むことによって生きていくことのできる生きものであるという理解は、生物学的な理由と論理によっていなければなりません。生物学的な裏づけが決定的に重要だということを、私はいつでも強調していますし、日本でもお話ししたと思います。

私たち人間は、この世に生まれ落ちたそのときから、母の愛によってはかり知れないほどの恩恵を受けていて、母の愛情が新生児に対してたいへん大きな影響力を持っているのです。そして新生児の側から考えてみても、子どもは母親という存在に完璧に依存することによって生き延びていくことができます。

愛と思いやりはいかにして育まれるのでしょうか。それは宗教によってでもなく、教育によってでもなく、法律によってでもなく、まさにこの生物学的な要因によっているのです。なぜならば、この世に生まれ落ちたその瞬間から私たちが生きていくためには、母親の愛情が決定的に必要だからです。そしてこういった本来的な意味におけるほかに対する愛情や思いやりが、私たち人間を結び合わせ、一つの共同体をつくって生きていく原動力であるわけです。同時に、この愛と思いやりが、他人のめんどうをみるという、ケアの意識を生み出すのです。

繰り返しますが、私たちは社会的動物であり、生物学的に、他からの愛情を必要とし、自然に他への愛情を持たなければならない生きものなのです。愛と思いやりは、法律で強制されて生じるのでもなく、宗教的な教えとして生じるのでもなく、教育で教えられるから生じるのでもなく、お金が儲かるから生じるのでもなく、まさに人間の根本である生物学的な要因から生じてくるものなのです。

私たちは、一見自分自身が独立採算で営んでいるように見えるかもしれません。しかし誰もが心の奥深くを探ってみると、私たちは、一人ひとりが人間であり、人間本来の、その人間の持つべき価値ある本質、つまり思いやりや愛を必要としている存在なのだということを否定することはできないのです。

　このように、まず現実を調査し、研究し、分析してみるならば、私たち人間の毎日の日常生活において、他に対する愛情や思いやりは必要不可欠なもので、人生において極めて重要なものだということを確信することができます。このような知識のないごく普通の人々であっても、これまで述べたことをよく説明すれば、誰にでも自らのこととして同じような体験があるわけですから、私たち人間が生きていくためには人間同士の愛情や思いやりが必要なのだということを、どんな人でも理解し、確信することができるようになるはずです。

上田　愛と思いやりの起源がどこにあるのか、それはもう人間本来が生物として持つ生物学的要因からなのだという法王のご説明にうなずくとともに、驚きを持ちながらお話をうかがっていました。というのも、ここまでの説明でまだ一切「仏教」が出てこないことに関してです。

　私の知る限りでは、仏教者というのは何を聞いても、もう二言目には「お釈迦様はこうおっしゃった」とか、「〇〇上人の教えによれば……」とか、お説教が始まることが多いのです。議論する前に「教え」があらかじめあって、その教えの正しさはまったく疑われず、すべてをそちらの方向に持っていこうとする。自分の頭を使って考えずに、「お釈迦様は、〇〇上人は……」とあらかじめ決まった答えを繰り返していればいいのです。ですから、利他的社会をいかに建設するかという問いに対しても、多くの仏教者は「それはお釈迦様がおっしゃった慈悲の問題ですね」といっておしまいでしょう。

しかし法王は、慈悲＝愛と思いやりを仏教の教えだから大切なのだとは決しておっしゃらない。むしろそれは宗教に先立つものであり、「宗教的に正しいから正しい」のではなく、それ以前に人間性の生物的レベルからの事実なのだとおっしゃるわけです。そのお説の内容にうなずくとともに、その「語り方」に衝撃を受けました。

この話を突っ込んでいきますと、仏教界や僧侶たちについての議論になってしまって、これまでの話の流れの腰を折ってしまうことになりますので、このことは後で論じることにしまして、いまはここまでにしておきたいと思いますが、少々といいますか、実はかなり驚いております。

誰が愛や慈悲の心を説けばいいのか

ダライ・ラマ　そうですね。まずはあなたの最初の質問に答えていくことにしましょう。現在の社会の流れのなかで、いかに利他的な社会を建設していくかというご質問についてです。

今日の社会というものは——、あなたは日本社会の問題に関して非常に心を痛めていて、それをなんとかしたいというふうにお考えになっているようですから、日本社会について考えましょうか——。日本社会においては、指導者的立場にいる人を始めとして、ほとんどの人々の教育程度が高いですね。そして、恵まれた家庭を持っています。そのような恵まれた状況においては、一人ひとりが自分の人生だけを生きていて、そこでは深い人間的な価値の重要性にはあまり注意が払われず、自然に、愛情の必要性、思いやりの必要性などがあまり芽生えてこないのではないかと思います。

若者の教育は日本においては学校が担っていると思われますが、学校においても、若い内に子どもたちが愛や思いやりを身につける必要があるということにはあまり注意が払われていないのではないでしょうか。つまり、教養や知識、知性といった面の教育が当然とされ、それらは幼稚園から大学を通してすべての学校システムで与えられていますが、人間のより深い価値、人間が本来持つべき愛情とか思いやりに関して、学校教育のなかで一貫して触れていくということが為されていないと思われます。

こうした人間の本来持つべきより深いレベルにおける価値、愛と思いやりというような部分は、学校教育で行われるべきではなくて、宗教が為すべき仕事であるとされているような気がしますが、しかし一方で宗教も金儲けに走ってみたりして、本来の深さを欠いた表面的なものになってきてしまっている、というような問題も起こっているのではないでしょうか。

そして、仏教についていいますと、釈尊（しゃくそん）ご自身は、もちろん慈悲がいかに重要であるかを説いておられるのですが、僧侶たちはそういった釈尊の教えを学んでいたとしても、それが単に言葉のレベル、知識としてのレベルに留まってしまっていて、ほんとうに心から慈悲を起こさなければならないという深い心のレベルに到達していないのではないでしょうか。慈悲、思いやりということに関して、宗教者自身がほんとうに真摯（しんし）な態度で取り組むべきことだとは考えていない。慈悲という言葉を使ってはいても、それを実践しようなどとは考えず、慈悲が人生において決して欠かすことのできないものである、というような強い思いも持ち得ていないのではないでしょうか。

上田　日本の学校教育に関しては、一人ひとりの教師のなかには、思いやりを大切にしたいという思いを持った人たちもたくさんいると思うのです。そして学校の方針としても、思いやりある人間を育成することを目標に掲げている学校もあると思います。ただ、それはあくまでも建前なのであって、実際は生徒の成績を上げていかにいい学校に進学させるかといった、知識重視で、効率性重視の教育が優先されていて、思いやりのある若者を育てるといった目標は「絵に描いたモチ」といいますか、建前だけで実際には誰も真剣に取り組んでいない、取り組もうと思っても現実のなかではたいへん難しい、というところがあります。それで真面目な先生ほど建前と実際の間の乖離（かいり）に悩んでしまうという現実があるのです。

　宗教界、仏教界に関しては、残念なことですが、ご指摘はかなりの程度当たっているように思われます。私が『がんばれ仏教！』で主張したのもその点なのですが、仏教が「言葉」のレベルのものになってしまっていて、深さと実践を欠いてしまっている。確かに慈悲という言葉は説くのですが、そのことをほんとうに深く受け止め、実践しようと考えている僧侶たちはあまり多くないように見受けられます。もちろんほんとうに真摯な態度で、慈悲を生きようとしている僧侶たちを私は何人も知っていますが、しかし日本社会全体としての仏教界へのイメージは、慈悲や思いやりは説くけれども、それも建前でいっているのであり、実践を伴わない表面的なものだ、といったところだと思います。

ダライ・ラマ　さてまとめますと、近代的な教育システムは、人間的なやさしさという、私たち人間にとって欠かすことのできない、一番大切なものを育むことに完全に失敗しています。そこで、近代的な教育システム全体を改めて考え直さなければならない時期にきているのではないか、と思うのです。

社会全体が、この近代的な教育システムを通して形成されているわけですが、あなたが正しくおっしゃったように、そこでは愛情や思いやりというようなより深いレベルにおける人間価値の必要性を説くことができていないわけです。そこで、社会全体がそのような間違った認識をもとに人生を送り、それゆえに表面的な人生の送り方をしてしまっている。もし人間が機械、あるいは野菜や植物というようなレベルの、心を持たない存在であれば、もちろん、愛情や思いやりは必要がないのですが、心を持っている私たち人間も、まるで機械的なもの、植物的なものと同じように愛情を必要としない存在であるかのような、間違った認識を植えつけられてしまっているのです。

私は、これこそ今日の社会がお金次第の社会に成り下がってしまっている主な理由だと思います。そして、実際的に、私たちの生きている社会はほんとうにお金次第の社会となってしまっているのです。そういったお金次第の社会は、攻撃的な社会で、イジメというような問題も出てきますし、権力のある者が力を思うままに使うことによってほかの者たちに残酷な行いをしてしまう。そういったことによって社会的な不安がますます募る。そういうふうに、お金によって何でもできるという社会においてはさまざまな問題が出てきてしまうわけです。これらの社会問題とお金次第の社会は実によくマッチするのです。

そして、その逆に、愛であるとか、慈悲であるとか、ほかに対する思いやりというようなものは、まったく、お金につながるものではないのです。ですから、愛と思いやりが重要であるというような考え方は、お金優先の社会では当然出てこなくなってしまうのです。たとえば、先ほどあなたが指摘したように、ある社会において、政治家なり、その社会を引っ張っていく指導者的な立場にある人たちが、お金次第の社会から登場してきているということは、もちろんその人たちが、すべてがお金次第であるという社会をよしとする考え方をしているということであり、そのような間違った認識に基づいてその社会を引っ張っていってしまうわけで、当然そのような社会はお金次第の社会となってしまう。するとそういう社会においては、愛と思いやりという人間価値こそ非常に大切なものなのだというものの考え方をしている人は、まったく愚か者であるかのような扱いを受けることになってしまい、お金優先主義の人たちがそれを利用してますます増長することになるのです。

宗教心は社会の発展を妨げるものか

上田　現代社会における愛と思いやりについて、大きな視野からの、文明史的かつ人間論的なお話をいただいたと思います。そして、法王がいまおっしゃったことは私もほんとうにその通りだと思います。

慈悲に満ちた生活、愛と思いやりに満ちたコミュニティにおいては、たとえ物質的に貧しくても人間は幸せを感じることができます。私自身スリランカに二年間滞在した経験があり、タイにもよく行くのですが、スリランカの貧しい村などで、物質的にはほんとうに貧しくても、人々が助け合い、集い合い、貧しいけれども幸せに生きているというような例はたくさんあります。

しかし、同時に考えてしまうことが一つあります。それは世界の仏教国といわれる国が、物質的にどこも貧しい国だということです。スリランカにせよ、タイにせよ、ミャンマーにせよ、南北問題の南と北という面から見れば、すべて南の国に属するわけです。日本は仏教国だといわれますが、なぜ日本がこんなに物質的に発展したかといえば、仏教国でなくなった、仏教の教えを重要視しなくなったからではないか、というふうにいってもいい部分もあるかと思います。

ダライ・ラマ　その通りですね。

上田　私は、二〇〇五年、カリフォルニアのスタンフォード大学に一年間滞在したのですが、そこはまさに、シリコンバレーの中心地で、周りは億万長者といいますか、ほんとうに豊かな人たちがたくさん住んでいるわけです。しかし一見豊かなのですが、ではほんとうに幸せかといえば、そうでもなくてストレスと不安に苛まれている人も多い。今日はお金がたくさんあるのだけれども、明日はいったいどうなのだろうか、倒産して一文なしになってしまうのではないかというような不安や、時間刻みの生活のなかでのストレスや欲求不満であるとか、そうした社会的な不安や問題も非常に多いわけです。

こうした現実を見ると非常に複雑な気持ちになります。物質的に豊かになっても必ずしもほんとうに幸福であるとは限らない。他方で、貧しくても幸せならばいいのかもしれませんが、貧しい国にはやはり貧困から生じる大きな問題もあるわけです。

そういった状況を世界大的に見てみますと、やはりそこには物質的貧富の格差を解消していく必要性があります。しかし、仏教徒で、ほんとうに仏教に信心深いという人たちは、コミュニティのなかではたいへん幸せのように見えますが、しかし、そのことで世界大的な格差はどんどん拡大していってしまうのではないか。つまり愛と思いやりに満ちて、あまり物質的な欲望に駆られない人々と、非常に大きな欲求不満を抱えていて、それゆえに愛と思いやりよりも利己的な利益をしゃにむに追い求めてしまう人たちがいる場合に、思いやりを持った人たちはますます物質的には貧しくなり、利己的な人たちがますます物質的には豊かになって、両者の差がどんどん拡大していってしまうように思えるのです。その点についてはいかがでしょうか。

ダライ・ラマ　それはちょっと違った要素を含む問題になるのではないかと思います。これはほんとうに深いリサーチをした結果としての話ではなくて、私が、私の頭でちょっと考えてみたことなのですが、過去の歴史を振り返ってみて得られる非常にラフなレベルの印象をちょっと述べてみたいと思います。

ヨーロッパのほうでは、一〇〇〇年ぐらい前の人々の生活というのは、困難な部分がたくさんあったのではないかと思います。その一方で、アフリカ、インド、中国、アジアといった、気候的に暖かい国においては、野菜や果物などの食べものが一年中、何らかのかたちで自分の国のなかで得られる状況であったと思います。しかし、より北方に位置しているヨーロッパの国々は、冬は雪に閉ざされて、作物などがとれるのは夏のみというような意味で非常に困難な状況であったわけです。

北の国ももっと遠い昔はよりマシな状況であったかもしれないのですが、しかし、そういった国において、その国のなかの人口が次第に増えていって、たとえば小さな国土しかないイギリスのような国は、人々の生活状態はより困難な状況になっていきます。つまり、人口が増えてきたので、よりたくさんの食べものを必要としてきたにもかかわらず食べものが十分にない。そこで、食べものをいかにほかの国々から手に入れるかという問題が出てきたわけです。そして、もちろん、イギリスであれば、小さな島国であり、海に囲まれているので、船によって他国から食べものを運んでこなければならない状況になり、ほかの国々からそういったものを得なければならないとなると、次第に武器が必要になってきたのです。その一方で、より暖かい気候に恵まれているアジアの国々においては、人口はより少なくて、そして一年中暖かく、食べものも十分にあり、ヨーロッパの国々に比べると人々の生活はあまり困難ではなく、食べものを得るためにほかの土地を探さなければならない、というような考えも持つ必要はありませんでした。

ヨーロッパ社会では、自分の国のなかの気候的な意味での困難な状況を乗り越えるために工業化やテクノロジーについて考えざるを得なくなりました。そういう方法によって自分たちの生活を維持していかなければならなくなったのです。工業化であるとか、テクノロジーの必要性は、自分たちの生き残りのために必然的に出てきたものであったのです。そして、ポルトガル、スペイン、イギリス、フランス、ベルギーといった国においては植民地を求め、植民地主義に走っていくことになります。小さい国土しか持っていない国が工業化されていき、他国から原材料を手に入れ、それを工業製品化して再び他国に売るというようなことを始めたわけです。

一方で、アジアの国々はどうかといいますと、ヨーロッパの国々ほどの食べものに関する心配もなく、わりと平穏に暮らしていたのですが、そういった穏やかに暮らしていたアジアの国々のなかに帝国主義者たちが入り込んできて、アジアの国々を植民地化していくというような状況に入ってきました。そしてアジアの国々は西洋の植民地化という、自国の発展を妨げる大きな障害に直面することになってきたのです。

それでアジアの国々においても、一部の人々は西洋的な教育を受け、西洋的なものの考え方を取り入れ、西洋的なテクノロジーを導入することで、西洋とのビジネスを始めていきます。もちろん、アジアの国々においても、何千年も前から、ビジネスというものは、ローカルなレベルで存在はしていましたが、植民地化を契機に、ビジネスは一つの大陸からほかの大陸へといった世界大のレベルに拡大していきました。それはヨーロッパ社会がアジア社会に持ち込んだものだったのです。

そこで、アジアの国々においては、一部の人たちは西洋的なやり方を取り入れて裕福になりましたが、昔ながらの生活を送っている人たちは貧しい状態に取り残されてしまったのです。つまり、グローバルなレベルでは、工業化された国々の生活レベルは、搾取された側の国々に比べてずっと高くなり、経済力もはるかに強いものとなりました。そして搾取された側の国々のなかでも、西洋的なものの考え方に適応できるような機会を持てたわずかな人々は、経済力に恵まれて裕福になり、農民たち、村人たちは、何千年も前からの同じライフスタイルを維持しているために貧しいままで留まることになってしまったのです。

搾取者としての宗教者

上田　ありがとうございました。いま、たいへん印象深くお聞きしたのですが、一つ驚かされたことがありました。それは既に対談の一番最初でもおっしゃっていたのですが、〈搾取〉という言葉です。再度ここで搾取という言葉をお使いになりましたが、搾取というのは、もちろん左翼的な用語、マルクス主義の用語であり、その言葉を法王がお使いになるということに非常に驚いたのです。

ダライ・ラマ　その通りです。私自身も搾取者です。つまり、私は高僧の立場、偉大なるラマの立場にあるのです。私が、自分自身を自己規制している限りはそういうことにはなりませんが、もしそうでなければ、私が誰かを搾取してしまう可能性はそこここに秘められているのです。

私が初めてモンゴルを訪問したとき、さまざまな施設を訪問するというツアーが計画されて、ミュージアムを訪れたときに、そのなかで、ラマがとても大きな口をあけて人々を食べている、という一枚の絵を見たのです。それは一九七九年のことだったのですが、そのときのモンゴルはもちろん共産主義国なので、宗教は麻薬であるといわれていたわけです。すべての宗教的な組織は搾取者であって、僧侶であっても例外でなく搾取者であるというふうにいわれていました。僧侶や僧院に対して捧げられたお布施(ふせ)のお金でさえ搾取だといわれていたのです。

私がそこにいって、その一枚の絵を目の前にしたときに、モンゴルにいた政府関係者は、私がその絵をどのように受け取るかということを考えて非常にナーバスになっていたようですが、それを見て、私は、ほんとうにこの通りですよというふうにいったのです。それは、まったく、私自身が社会主義者であるだけでなく、左翼系の人間であり、共産主義的でもあるからです。ソーシャルエコノミーの理論に関していえば、私自身はマルキストといってもいいでしょう。もしかすると私はいまの中国の指導者たちよりもずっと左翼系ですよ(爆笑)。中国の指導者たちはもはや資本主義者ですから(笑)。

上田　まったくその通りですね(爆笑)。

(第二章に続く)

幕間　やさしきレフティスト

アイ・アム・レフティスト。私は左翼ですから。

私もまた搾取者ですから。自分を強く戒めないといけない。

ダライ・ラマ法王の口からそんな言葉を聞くと誰が予測できるだろうか。それも対談の冒頭に、である。私は心底驚かされた。

日本では左翼という言葉は既に死語に近い。搾取もだ。私の大学時代にはかろうじて左翼はまだ存在していたし、搾取という言葉も使われていた。しかしその後、右と左という対立軸が無効化するに従い、それらの言葉は使われなくなっていった。だから「レフティスト」という言葉が、そして「搾取」という言葉が、それも法王の口から発せられたときは、私は驚き、そして使い古されたはずのそれらの言葉の響きにむしろとても新鮮なものを感じた。

二〇〇六年の世界での「レフティスト」は、かつての「左翼」とは違う。正義をふりかざす、独善的な左翼。異分子を排除し、言論の自由が与えられず、硬直しきった左翼。そこには未来への可能性はない。しかし、この冷酷な世界状況のなかで、貧富の差を縮小し、弱者にもケアが行き届くような、社会民主主義的な施策はむしろいまこそ求められている。

法王が「レフティスト」といったのは、私の自己紹介を聞きながら、目の前の人間もまた、「あの」抑圧的な左翼は大嫌いだが、弱きもの苦しむものを救う社会制度を模索し、そのなかで仏教の役割にも着目しているという構造を見通してしまったからこそだった。

頭がよすぎる……。

二日間の対談のなかで、何回も痛感させられることになる、法王の頭脳と感性のキレは既に冒頭から炸裂していた。相手の話をとことん聞き、そこにある構造を見抜く。そしてその構造を明らかにしながら、質問されたことに的確に答える……。

私は数多くの対談をこれまで雑誌やテレビで行ってきたが、頭のいい人には共通点があった。それは話がきちんと出発点に戻ってこられることだ。その意味で法王は最強の頭脳の持ち主だ。質問を投げかけてもすぐに答えが返ってこない。壮大な歴史が語られ、哲学が語られ、人間論が語られ、そして質問が忘れられたのではないかと心配になった頃、しっかりと最初の質問の答えに帰ってくる。私はその頭のよさにうならされた。そしてこうした構造的思考こそ、私が日本の僧侶のなかにほとんど見いだせなかったものなのだった。

「私も搾取者です」。こんなことを言える宗教者は日本に何人いるのだろう。そもそもそんな発想を持つことすら多くの宗教者は考えつかないのではないか。

対談の冒頭から私は法王の壮大な世界観に圧倒された。人類史のなかで現代とはいかなる時代なのか、何が世界の格差を生み出しているのか、何が人々を苦しめているのか……。

その大きな構図があって、そのなかで愛と思いやりが説かれている。仏教者だからではなく、それ以前に現代を生きる者として、現代の苦悩に向かい合う者として、愛と慈悲を説いているのだ。

しかし、冒頭から感銘を受けつつ、私は同時に焦っていた。私は秘書から「対談は一日一時間のみ」と厳しく言い渡されていた。数年前に体調を崩されてから、周囲は法王の健康に非常に神経質になっている。

その約束の一時間が既に過ぎようとしていた。もうここで今日は終わってしまうのか。ようやく議論は核心に入ろうとしているのに……。

しかしそれはまったくの杞憂だった。ここから議論は熱く燃え上がり、まったく時間など関係なくなってしまったのだ。

第二章 慈悲をもって怒れ

怒りは悪か

上田　さて、現実の世界にはそういった搾取的な状況があり、貧富におけるたいへんな格差があります。それはあまりに非道徳的だと思えるほどの格差であるわけですが、その格差や差別といったものに、仏教の立場からどのように取り組んでいけるのでしょうか。

というのも、このひどい状況を見れば、普通の人間であればたいへん大きな「怒り」がわき上がってくるのですが、日本仏教などでは、そういった「怒り」を鎮めるものこそが仏教であって、そのなかで心を平穏に保ちながら暮らすのが仏教の智慧(ちえ)なのだというように考える傾向があるような気がします。物事に怒っているというのは、まだまだ仏教的境地があまり高まっていない証拠である。自分の外に存在している外部的な要因によって、自分の心の平静がかき乱されるというのは、まだまだ悟りから遠く、修行が足りない。何ものにも動じない心を持つのが究極の悟りなのだ、といったいい方です。

しかしながら、私には、ある種の「怒り」や「憤(いきどお)り」というのは、次なる行動を導く、あるいは、行動を支えるための大きなエネルギーになるような感情だと思われるのです。もちろん怒って誰かに暴力をふるうといった怒りは決して好ましくないことは当然です。しかし目の前に差別があったり、弱いものいじめがされていたりすれば、それに対して怒りを感じるのは人間として当然なのではないでしょうか。そして、その怒りから「こうしたひどい状況を何とか改善しよう」と考え、前向きな行動へとつなげていくことは、非常に建設的な行為であるように思われるのです。

ところが仏教者が、その怒っていること自体がよくないというふうにいってしまうとき、それは目の前にどんな不正があっても、社会制度のなかにどんな差別があっても、怒らず騒がず毎日ニコニコと生きましょう、といった、恐ろしく社会性を欠いた独善主義に容易に転化してしまいます。そしてそういった態度によって、社会に存在する格差が温存されてしまったり、不正をなくしていこうという社会的な改革の芽を摘んでしまって、結局は何も起こらなくしてしまう。そういう状況を引き起こしてしまうのではないかというふうに思うのです。

そこで質問申し上げたいのですが、仏教徒という立場から、格差であったり、社会的不正といったものに対して、どのように取り組んでいけるのでしょうか。そうした状況に「怒り」や「憤り」を感じるのは、非仏教的なことなのでしょうか。

ダライ・ラマ　たいへん興味深い質問です。それについては二つのカテゴリーに分けてお話をしていきたいと思います。第一に、一般社会における世俗的な倫理観を基礎として考えていくという方向性から、そして第二に、宗教に携わっている人間が、宗教的な観点からいかにこういった問題に関して貢献することができるかという方向性から、という二つの段階に分けて考えてみたいと思います。

新しい教育のかたち

ダライ・ラマ　まず第一の論点から見ていきますが、前にも触れたように、より健康的な社会を築いていくために、近代的な教育のシステムが適切なのかどうか、ということに関して、もっとシリアスなディスカッションやリサーチが為されるべきではないか、と私は考えています。私の知人であるアメリカの科学者たちは、社会問題に非常に深い関心を持っていて、人間の持つ本質的な価値である思いやりや愛といったものをもっと重要視すべきではないか、ということについて何年にもわたって私と議論を続けていますが、彼らのうちの何人かが実際に大学の学生たちに対してある実験を行っています。二、三週間の間、注意深く熟考するという瞑想（マインドフルネス）

を学生たちにしてもらい、瞑想を続けた二、三週間後に、いかなる変化があったかを調べたのです。その実験の結果によりますと、その実験を行ったあとの学生たちは、より穏やかな心を得て、鋭い心（シャープマインド）を持つことができ、ストレスが減って、記憶力も増えた、という結果が報告されています。

また、カナダにあるブリティッシュコロンビア大学でも、新たに研究所をつくって、いかに近代的な教育システムにおいても、人間らしいあたたかい思いやりのある心を育む教育を行っていくことができるか、という研究を現在進行形で進めているそうです。それ以外にも、少なくとも四つか五つのアメリカの大学においても、近代的な教育システムにおいて何かが欠けているのではないかという認識から、その問題を探究していこうと研究をスタートさせています。

つまり、そういった問題に関して正面から取り組んでリサーチを行い、そして、そういった近代的な教育システムをいかに変えていけばよいのかという新たな提案を実際に行っていこうという動きが進行しているのです。

しかし、これは、世界的なレベルで、ワールドワイドに進めていかない限り、非常に長い時間がかかってしまうでしょうし、こういった近代的倫理観への関心をより高めていくことはできないのではないかと思います。もちろん、ロシアにおいても同じ危機に瀕(ひん)していますし、中国においてもそうです。インドももちろんそういった問題があるとは思いますが、インドは伝統的に精神的なものの価値を知っている国ですから、それを論理づけたり理論化したりはしていないかもしれませんが、精神性を重要視するという慣習を持っているという点において、中国やロシアに比べれば少しはマシな状況ではないかと思います。

日本に関しての問題について申し上げると、日本は近代化された国、つまり西洋化されたアジアの国であり、より近代的なシステム、つまり、西洋的なものの考え方などが取り入れられてきたことによって、西洋において生じてきた問題も日本のなかに同時に入ってきたと思うのです。どういうことかといいますと、いままで日本にあった、古き伝統的なよりよき面であるとか、家庭というものが持っていた価値が、近代的な教育システムが取り入れられたことによって衰退してしまった傾向が出てきているのではないかと思います。西洋においては、教会が持っていた影響力、家庭が持っていた価値が、どんどん衰退し、そのことによって社会全体がより大きな苦しみを抱えてしまっています。

日本もまた、そういった宗教的な組織の影響力がますます減っていき、家庭が持っていた価値も衰退している。しかし、そういう状況においていまや、より高い精神性を求めるという動きが日本社会にも出てきているのではないでしょうか。

上田　日本の場合は、近代化それ自体の問題に加えて、その近代化があまりに短時間で急激に進んだという要因も大きいと思います。西洋社会の場合は、哲学思想的な面における教会の独占を世俗社会が打ち破っていくのは既に一七世紀のデカルトに始まるともいえますし、その後一八世紀には産業革命が起こって科学技術の時代がスタートし、そしてフランス革命などを経て、国民国家の時代へと進んでいきます。

しかし日本の場合は、明治維新からの数十年で、西洋が数百年にもわたって変化させてきた近代化のプロセスを一気に行おうとしたわけです。それも最初は政府主導の「脱亜入欧」というかたちで国策として推し進められた。そのあまりの拙速さといいますか、いたるところに生じる歪みや痛みを無視してひたすら突っ走っていくということの無理が重なった結果が今日の姿だという気もします。

しかし、そんな急激な近代化が可能になったのは、その成果が目に見えるかたちで利得として得られていたからだと思うのです。「追いつけ、追い越せ」で無理に無理を重ねてがんばることで、経済的には豊かになり、私たちは大きな利益を得てきました。その利益が目くらましになって、私たちはよって立つ自分たちの大地に亀裂が入り、崩壊しつつあることに気づかなかった。いや気づいていたのかもしれませんが、

「儲かっているからいいじゃないか」と見て見ぬふりをしてきたのかもしれません。しかし、いまや経済の高度成長時代も終焉し、いままで得られていた利得が得られなくなったときに、私たち日本人は自分たちを支えるものがもはや見いだせないことに、茫然自失しているのです。

しかし、そこで「これが次なる道だ」と唱道されている「改革」というものの実態は、ますます私たちに無理を強いる、市場原理主義的な弱肉強食的なものであるわけで、その道をここで選択してしまえば、法王のおっしゃる家族的な価値や伝統的な価値といったものに、最後にとどめを刺すものになってしまうのではないかと私は大きな危惧を持っています。

信心に懐疑的な態度

ダライ・ラマ　さて、ここで第二のカテゴリー、つまり宗教に携わる人々が、現在の社会の抱えている社会問題にいかに貢献できるか、という話に移りましょう。基本的には、世界に存在している主だった宗教は、みんな、慈悲であるとか、愛であるとか、許し、そして寛容というような人間価値の必要性を同じように説いているのです。その表現は各宗教によって異なりますが、そしてどのような手段を用いて、そういう慈悲や、許しや、忍耐といった心を養っていくかという、その方法論における違いもそこには存在しているわけですが、基本的にはすべての宗教が同じようなことを説いているのです。

世界に存在している宗教は、神という存在を受け入れている宗教と、仏教のように神の存在を受け入れていない宗教、という二つのグループに分けられるのですが、その両者は異なった方法論を用いています。

神の存在を信じる宗教のグループに属する現在のローマ法王は、たいへん知的な神学者であり、宗教的指導者ですが、彼は信仰と論理性が共存しなければならない、と強調しています。信仰のみでは宗教は単に神秘になってしまいますが、その信心が正しい論理に伴われているとき、その信心は確かな裏づけのある適切なものとなり、日常生活にも妥当性を持つものとなるのです。

仏教では、そもそも一番初めの段階から、信仰と論理は両立していなければなりません。論理性を欠く信仰は単なる盲信となってしまいます。それは釈尊によって明確に否定されています。信仰は単なる盲信的な信心ではなくて、自分が信心をするに値する適切な土台を釈尊の教えが持っているということについて、自分自身が確信することが必要なのです。

釈尊は、まず最初に四つの聖なる真理（四聖諦）といわれる教えをお説きになっていますが、これはすべてのものにはその原因があり、それによって結果が生じている、という仏教の教えの根本を為すものであり、神が創造主であり、すべてのものは神の御心によって創られ、生じてくるのだという考えを否定するものです。つまり、私たちの得ているすべての幸せや苦しみも、その原因から生じているのだという、極めて論理的な認識から仏教は出発しているのです。

このように、仏教はそもそも論理的なものですが、特にサンスクリット語による伝統に基づく仏教は——日本に伝わった仏教も、サンスクリット語の伝統の流れを引いているわけですが——論理的なものだといえます。それは古代インドに存在した偉大なるナーランダ大学の伝統をくむ仏教といってもいいのですが、このナーランダ大学の伝統自体、論理的なものの考え方によってすべてを理解するという方法論によって成立しています。ですから、ナーランダ大学の伝統によりますと、まず最初に私たちはすべての教えに対して懐疑的な態度をとらなければいけない。今日の近代的な社会に生きている人々のように、まず疑ってかかるという態度を持つことが必要であるといわれています。懐疑的な態度を持つことから、問いが生まれ、その問いを持つことから探究が始まるのです。そして探究や実験から答えを得ることができるわけです。

ですから、単に教えられたことを、釈尊が説かれているからという理由によって信ずるのではなくて、教えに対してまず懐疑的な態度によって疑ってかかり、その教えがほんとうに正しいのかどうかということを、自分の頭を用いて調べ、ほんとうにそれが正しいのだということを理解したうえで、その教えを信じていくという態度が必要であるといわれているのです。

上田　仏教の教えが神秘主義ではなく、極めて論理的なものを出発点としていたということは、ほんとうにその通りだと思います。そもそもインド人は論理的で、それゆえに現在のＩＴ産業にも通じているとはよくいわれることですが、インドの宗教として、インド人のお釈迦様が開かれ、インドで発展した仏教もやはり論理性を重んじたということなのでしょうか。

ただ、その流れは日本仏教においてはかなり変化を見せているのではないかと思います。たとえば禅仏教などでは、私たちがいかに言語的な論理世界を超えていけるのかといった次元が重要視されます。またお念仏の信仰などにしても、いかに阿弥陀仏の救いに自らを委ね（ゆだ）ねきるかといった次元が重要だとされてきます。ただ、私が考えるに、日本仏教にしてもインドからの流れを引いているわけですから、本来ならば、とことん論理性を究めるという段階が最初にあって、そこを究めた後にその論理を超えていくという次の段階が設定されているように思われるのです。

しかし現実には、最初から論理を超える、委ねきるといった次元が強調されるがあまり、論理的なことをいうと「それは仏教的な境地が低い」とか、「仏に委ねきっていない」とか、あたかもそれが仏教的でないかのようにいわれる傾向もあるのではないかと思います。それはあるところまで論理性の探究が徹底した段階では有効な教えなのかもしれないのですが、最初から「論理的なことをごちゃごちゃいうな、ただただ信心しろ」みたいないい方をしていると、それは論理性を突き詰めるという努力を放棄する「いいわけ」を僧侶たちに与えてしまうようなことになってしまいます。

法王がおっしゃいましたように、仏教は自分の問いから始まり、そしてその問いをとことん探究していくことにその真髄があるにもかかわらず、自分の問いを持つと「信心が足りない」「修行が足りない」といわれるのでは、まったく本末転倒なのではないでしょうか。そしてその結果として、多くの僧侶が「自分の頭で考える」ことを放棄してしまう。

宗派の祖師の教えに疑問を持つこともなく、ただただそれに自らを委ねきり、信じ切るというやり方は一見「信心深く」見えますが、しかしそれは法王のおっしゃる

「盲信」に陥る可能性を常に抱えています。さらに、そうした盲信者は、「自分の頭で」探究しようとする若者たちを抑圧してしまいます。若者たちが現代という時代のなかで、伝統的な教えに疑問を発し、真摯な問いを投げかけ、それを深く探究して答えを得ようとするからこそ、伝統的な仏教は現代にも通じる智慧となることができるのだと思います。にもかかわらず、最初からその問いを封印してしまっては、仏教の教えに対する深い探究がなされるきっかけも失われ、そして現代に通じる仏教などには決してならないのではないかと思うのです。

儀式と意味

ダライ・ラマ　そこで問題提起です。あなた方日本人をも含めた私たち仏教徒は、ある意味で皆同じだと思います。日本のお寺と同じように、チベットの多くの僧院においても、単なる儀式だけを執り行っていて、その意味をまったく何も知らず、仏教の教義を本気で学ぼうという意欲も持っていない、というような状況になってしまっています。そこでは儀式は、ただお金を得るための手段であり、そういった儀式を執り行っている人たちは、もちろん、涅槃（ねはん）を求めているわけでもなく、来世の存在を信じることもなく、単に今世においていかにお金を得ていくかということで儀式だけを執り行って、もし、人がお寺にお布施を下さるのであれば、それによって幸せになるというようなレベルにとどまってしまっている部分ももちろんあるわけです。これはチベットや日本のみならず、中国においても大いにあり得ますし、多くのキリスト教の教会においても同じような状況が生じています。

上田　チベットでもそういう問題があるのですか。

ダライ・ラマ　はい。いくつかの僧院においてはそうです。（英語サポート役のゲシェ・ドルジェ・ダムドゥルに向かって）君は知っているだろう？　いつも儀式だけ執り行い、経典の意味は知らず、そういう勉強はしない僧侶たちを。

ですから、私はインドに亡命してきてからいつも、経典の勉強をしなければならないということを、口を酸っぱくしていっているのです。

そこで私は、チベット人であれ、中国人であれ、日本人であれ、皆、仏教徒であるならば、二一世紀を生きる仏教徒とならなければいけないと思います。つまり、宗教を受け入れて、それを信じていくのであれば、仏教の教えている教義の意味を知ることが大切であり、意味を理解してはじめて、私たちは、その宗教に対して真摯な姿勢で信心をし、実践をしていくことができるわけです。もし、そういう部分が欠けてしまうならば、宗教に信心をするというのは単なるファッションのレベルにとどまってしまうのではないかと思います。

私が日本を最初に訪問したのは一九六〇年代でした。そのときに受けた印象では、日本のお寺におられる僧侶の方がたは、儀式を執り行うという部分をより多くやっていて、仏教の教義に関する勉強にはあまり注意を払っていないような印象を持ちました。僧侶たちではなくて、大学の教授とか、学者の方がたがより仏教について詳しく知っている。そして、大学の教授の方がたは実際には仏教徒でなかったりもするのですが、仏教に対する知識をよりたくさん持っているのは僧侶たちではなくそういった方たちである、という実情も知りました。

幸運なことに、その一方でチベット人のことを考えてみますならば、僧侶のなかに学者的な非常に幅広い知識を持っている人たちがいるのです。というのは、僧侶であるならば、約三〇年間をかけて仏教の教義に関する勉強を積まなければならないということから、長年にわたる勉強の結果として非常に幅広い、深い知識を持つ学者的な人が僧侶のなかに存在しています。

もし、仏教というものを儀式のみのレベルで行っていくならば、人間の社会全体が抱えている問題を解決するために仏教が貢献していくなどということは決してできないと思います。つまり、人々は単なる慣習性のなかでの盲目的な信心をしていて、誰かが死んだときにだけお寺にいき、お坊さんがお経を唱え、何らかの儀式を行ってくれるというだけのレベルにおいては、仏教に携わる人間が社会的な問題を解決する手助けをするということはまったく不可能でしょう。

日本人に関していいますならば、日本人は、人生で三つの宗教に関わっていると思います。というのは、誕生したときには神道に従って神社にお参りをし、結婚するときはキリスト教の教会にいって結婚式を挙げ、そして、死を迎えると仏教のお寺にいってお経を唱えてもらって葬式をする。

上田　その通りです。

ダライ・ラマ　つまり、日本人は、ある意味ではどの宗派にも属さないノンセクタリアンですね。いや、ちょっとノンセクタリアンが過ぎるような気もしますね。子どもが生まれたときには、（合掌する手つきをしながら）神道の熱心な信者、結婚するときは（また合掌して）クリスチャン。そして、死を迎えると（また合掌して）仏教徒（笑）。これでは日本人が単なる慣習で仏教をやっているということになりませんか。

しかし、日本の人たちはある意味では賢いのかもしれないですね。というのは、仏教においては、子どもが誕生したり、結婚したりするときには、何の儀式もしてくれないので、仏教のお寺は何の役にも立ちません。そこで仏教のお寺のことは忘れておいて、神道やキリスト教を選んだほうがいいというわけです（笑）。そして結婚式をするときは、キリスト教の神父のほうがずっと熱心にその儀式を執り行ってくれますから、キリスト教の教会にいってほんとうに心からの誓いを夫婦で述べ合う、というような場を利用しているのです。そう考えてみると（とゲシェ・ドルジェ・ダムドゥルに向かって）、我々も日本人に学んで、インドでヒンドゥー教をもっと役立てられるかもしれないね。護摩を焚いたり、たくさんの儀式を執り行うという意味においては、ヒンドゥー教は大いに積極的なんだから、その利用価値は高いかもしれないよ（笑）。

上田　私も、日本仏教がほとんど死と葬式にしか関わっていないということは、現実にはほんとうにその通りだと思うのです。でも、日本人には、人生の壮年期といいますか、二〇代から五〇代ぐらいまでには、確固とした宗教があるのではないかと思うのです。それはブディズム（仏教）でもなく、シントーイズム（神道）でもなく、マテリアリズム（物質主義）という宗教です（笑）。

ダライ・ラマ　まったくその通りですね（爆笑）。

「心の科学」としての仏教

ダライ・ラマ　さて、これまでの話の流れをまとめてみますと、人間的価値の促進ということを、まずは日常社会の倫理観を土台として、教育を通したアプローチによって進めていく。私は、これこそが最も重要なことだと思うのです。

そこで、仏教を宗教として考えるのでなく、仏教を「心の科学」であるととらえるような観点から見ていくことが大切ではないかと思います。そこに仏教が私たち人間の持っている本来の価値を促進していく大いなる可能性があるのではないでしょうか。つまり、仏教を一つの宗教として見るのではなく、「心の科学」という観点からとらえ直し、一般社会の世俗的な教育システムにその知見を取り入れることで、人間本来が持っている愛とか思いやりといった面をいかに高めていくかという目的に対して大いなる貢献ができるように思うのです。

たとえば、西洋において近代的な科学に携わる科学者たちが、すでに、仏教のテクニックを使い始めています。それは、宗教としての仏教というものの考え方を取り入れていくというだけではなく、心の科学としての仏教が持っている、瞑想や心の分析といったテクニックをすでに用い始めているのです。

さらに、これはまた別の観点からの話ですが、仏教は、伝統的に、小乗と大乗という二つのカテゴリーに分けることができます。小乗における仏教の教義は、ほかの命あるものを害さないということを教えていますが、大乗における教義においては、単に他者を害さないということだけではなく、他者を助けていく。利他を為そうということを強調して説いているのです。そこで、どのようにして他者を助けていくかということですが、私たちが、多くの人が貧しさに苦しんでいるとか、あるいは、社会の不正が起きてしまっているというようなことがあったときに、仏教徒がそれに対して無関心であってはいけないと思うのです。

キリスト教においても、たとえばラテンアメリカにおいて、教会の指導的立場にある人たちが、そういった社会的な不正を正していくことに大いなる関心を持って、問題の解決に努力をしています。左翼的な運動といってもいいですが、より実践的な態度を社会的な問題に対して示しているわけです。

宗教に携わる立場にある人たちが、そういった社会不正という問題にあまりに深く関わってくると、より政治的な面が出てきてしまうということもあります。スリランカはどうでしょうか。日本は？　韓国では僧侶たちが政治的活動にも結構積極的であると聞いたことがあります。詳しくは知りませんが、そのように聞いたことがあります。

上田　ラテンアメリカでの、弱者の側に立って政治的な運動に関与していくという教会の運動、いわゆる「解放の神学」は、正統なのか異端なのかという議論が常に繰り広げられていると思うのですが、いずれにしても、既にまったく無視できない大きな勢力になっていると思います。

　私が滞在したスリランカでも、政治的な関与を行う僧侶たちはいますが、仏教徒の多数派シンハラ人とヒンドゥー教徒の少数派タミル人が内戦を繰り広げている現状では、政治に踏み込むと仏教がシンハラ人のナショナリズムに結びつきやすく、難しい問題を含んでいるように思われます。

　いずれにしても、法王がおっしゃいますように、自らの解脱（げだつ）を目的とする自利行を中心とする小乗仏教を「乗りものが小さい」と批判し、他者を救済するという利他行（りたぎょう）を強調して生まれたのが大乗仏教ですから、その仏教は根本的に社会性に立脚しているわけですね。

二つの怒り——慈悲をもって怒れ

ダライ・ラマ　そこであなたの質問に対してお答えすることになりますが、経済の分野においてとか、そのほかのいかなる分野においても、社会的な不正に直面した場合、宗教者がそういった社会的な問題に関して無関心な態度をとるのはまったく間違ったことだと思います。宗教的な立場に携わる人間こそ、そういった問題をなんとか解決していこうという積極的な態度で取り組むような心掛けを持つべきだと思います。

そのような場合に、「怒り」の心をどう扱うか、が問題になります。「怒り」の心には二つのタイプがあります。第一のタイプの「怒り」の心は、慈悲の心から生じているものです。つまり、そういった問題に心からの関心を寄せて、なんとか、社会の不正を正していきたいという気持ちによって生じる「怒り」の心は有益な「怒り」です。この「怒り」は、持つべきよい「怒り」なのです。心の根底に、ほかの者に対する思いやりとか、愛情とか、慈悲の心が存在していて、その心を動機として「怒り」が生まれる場合には、その「怒り」には、根本的に、相手を害そうという悪い動機はありません。こういった「怒り」の心は大いに使うべきよき「怒り」の心です。

たとえば、よい両親が自分の子どものことを思いやるがゆえに、子どもが間違った行為に走ったときに、子どもに対して強い言葉を投げかけて叱りつけたり、子どもを叩いたりということもあると思うのですが、そのような場合に、両親が子どもに対して怒りをあらわすのは、それはまったく子どもを害そうという気持ちで子どもを叩いたり、強い言葉を投げかけたりするのではなくて、子どものためを思い、その子どもがよりよい子どもになるために、その子どもを思いやるがゆえに、そのような態度をとっているのだと思います。そういった場合には、子どもを害そうというような悪い動機は一切そこには存在していません。

日本のお寺には、あちらこちらで憤怒相の不動明王が祀られていると思いますが、(と、口をかっと開いて)不動明王が憤怒のかたちをとっているのは、衆生を嫌悪し、衆生を害そうという心で怒っているのではなく、衆生の間違いを諭すために、衆生に対する思いやりから「怒り」を表現しているのです。それは、衆生たちをなんとかして救いたい、間違った行いをしている衆生たちを、子どもの間違った行いを正してやろうという気持ちと同じような意味で、衆生を思いやるがゆえに憤怒のかたちをとっているのです。このような「怒り」は、先ほどあなたがいったように、多くのエネルギーを持っていて、強い力を発揮することのできるものであり、より強い決意の心を生み出してそれを行動に移す原動力となります。そのような「怒り」の持つよきエネ

ルギーを、社会の不正を正すことに使うことは正しいことだと思います。

上田　もちろん、それは慈悲の心を伴っていなければいけないということですね。

ダライ・ラマ　そうです。心の底に慈悲の心を持っていて、そういった心の動機によって、「怒り」を方便として使うということです。

上田　「怒り」というものを現実の行動の原動力として使う場合に、私たちは「怒り」をそのまま使うのでしょうか、それとも、「怒り」を何か別のかたちに変えて使うということでしょうか。

ダライ・ラマ　原因の段階における心のあり方が問題なのです。原因の段階というのは、つまり、行為を起こすときの心の動機という意味です。何らかの行為を起こす場合には、そのアクションを為す心の動機がまず原因として存在しています。その心の動機が、相手に対する嫌悪であり、その嫌悪感を「怒り」というかたちで表現することによって何らかのアクションを起こしてしまうと、それは破壊的な行為となります。これはネガティブな行いです。しかし、もし相手のためを考え、思いやるがゆえに、相手に対する愛と思いやりを心の動機として、それを「怒り」のような表現として何らかの行為を為すことは、相手のためを思っているのですから、これは許されるよき行為となります。

両親が自分の子どもを思いやるがゆえの行為、たとえば、子どもが毒にさわっているような状況を考えると、もし、子どもがその毒を口に入れると非常に危険なことになってしまう。それは緊急事態であって、危険にさらされているという緊急事態から自分の子どもを守りたいという思いやりから大きな声をあげて叫び、その子どもの手を叩いて、毒にさわっている行為をやめさせる、といった行いは、心の底からその子どものことを考え、危険から守ろうという真摯な気持ちから為されているわけです。自分の子どものしている危ない行いをやめさせるために強硬手段、つまり、叩いたり、怒ったり、叫んだりといった手段をとっているのです。

そういった行いの場合には、その子どもが毒にさわるという行いをやめた途端に、両親の心に生じていた「怒り」は消滅します。それはどうしてかといいますと、両親の心に生じていた「怒り」は、その子どもがしていた行いに向かっていたからです。子どもに対する「怒り」ではなくて、その子どもを破滅に至らしめようとしている間違った行いに対する怒りであり、それをなんとかやめさせようという気持ちから出ているのです。そのような場合における強硬手段、たとえば、怒りとか、叫ぶとか、その子どもを叩くとか、そういった行為は為されるべき正しい行いということができます。

しかし、もし、相手を害するような行いをした人の心の動機が、ほんとうにその相手をやっつけようというような悪い心の動機に基づいている場合には、その人の持っている怒りの気持ちは、相手の行為がどういうものであれ、長くとどまることになります。誰かがあなたを害するような行いをし、あなたも害されたと感じるときは、あなたもその人に対するネガティブな感情を持ちますね。そして相手の行為が終わり、もう害されてはいないのにもかかわらず、その人に対する不快感は心のなかに依然として存在し続けます。

しかし、さきほどのような、両親が自分の子どものしている危険な行いを止めようとするために怒りの気持ちを一時的に発して、叫んでしまったり、叩いてしまったりする場合には、そのときの怒りは、子どもの間違った行為がやんだ時点で同時になくなっていきます。これらの二つの怒りには、大きな違いがありますね。

上田　そうしますと、社会的不正に対する怒りというのはどうなのでしょうか。それは、社会的不正がなくなるまで、ずっと長く持ち続けることになるのでしょうか。

ダライ・ラマ　そういった社会不正を正すために闘うという場合には、その目的が果たされるまで怒りの気持ちは維持されるべきです。

上田　うーん……、ほんとうに「怒り」を持ち続けるべきということなのでしょうか。

ダライ・ラマ　もちろんそうです。つまりその「怒り」は、そういった社会不正に対するものであり、社会不正を正そうという気持ちで闘っているわけですから、その目的が果たされるまで、その怒りの気持ちは維持されるべきです。そういった社会の不正とか間違った破壊的な行為をやめさせるためにはそれが必要だからです。

たとえば、中国が人権を侵害し、拷問を続けているといったような、ネガティブな行為が続いている場合、そういった間違った行いが存続している限り、それをやめさせようという怒りの気持ちは最後まで維持されるべきなのです。

持つべき執着と捨てるべき執着

上田　いまの法王のご発言にはほんとうに驚かされもしましたし、強い印象を受けました。というのは、私の知っている、さまざまな社会的活動を行っている日本の僧侶たちの多くは、やはり「怒り」や「憤り」をその行動の原点に持っているように思われるのですが、そういった僧侶たちはほかの僧侶たちから「悟っていない」といわれがちで、仏教者としては境地が低いといわれがちなのです。

「怒り」というのは、その背景に慈悲があろうが、なかろうが持ってはいけない、鎮めていかなければいけないものであって、社会的不正があって、目の前でひどいことが行われていても、それに対して「怒り」を持つというのは仏教的ではないとか、仏教の教義にもとるものだというのが、一般に日本仏教が説く教えのように思われているからです。そういっているわりには、つまらないことに怒る僧侶も多いのですが。

ダライ・ラマ　（頭を指しながら）それは単なる知的レベルにおける話だと思います。

私は、スイス人のある裕福な女性と話したことがあるのですが、その話のなかでその人は執着について聞いてきました。たとえば、執着から離れなければならない、ということが仏教では説かれていますが、執着について考えるとき、よく、人は、「執着を離れる」ということは無関心になってしまうことではないかというふうに誤解しているような気がします。その女性も、執着を離れるとはよいものをよいものであると認識することすらしないことなのではないかと、たとえば、悟りを求める心がありますが、なんとかして悟りたいという心も、悟りに対する執着なので、なくさなければならないのではないかと聞くわけです。しかし、悟りを求める心は、持つべき執着の心であって、悟りを求める心をなくすべきである、という意味ではないのです。よきものを求める心という意味の執着は持つべきものなのです。

さらにその女性は、利他行（りたぎょう）を実践しようとするとき、もし、執着の心を離れてしまうと利他行をうまく行うことができない、というので、それは間違いであり、菩薩たちは執着の心をたくさん持っているのだと私はいいました。ここで、執着の心というのはどういうものかといいますと、捨てるべき執着とは、偏見に基づいている欲望のことです。しかし偏見のない心が持つ価値ある欲望は、捨てるべき執着ではありません。つまり、仏教において執着をなくすということは、偏見に基づいた欲望をなくすという意味であり、価値あるよき欲望は私たちにとって必要なものなので、それらは滅するべきではないのです。つまり、価値あるよき欲望、たとえば悟りを求める心などは、一般に仏教で説いているような滅するべき執着の心ではないのです。悟りを求める心のような、より大きな目的を持つよき心を達成するために、偏見に基づいた小さい目的しか持たない執着の心から離れていかなければならない、という意味なのです。

ここで、二種類の違う欲望に対して同じ「執着」という言葉を使っているのでわかりにくいかもしれませんが、悟りを求める心というのは、よいものを求める欲望なので、それは持つべき心であり、偏見に基づいた執着の心は、悪い心なので、滅していかなければならないのです。

つまり、あなたがいっている日本のお坊さんたちは、実践的な面を考えずにいっているのではないかという気がします。「怒り」の心を持つことはいかなる場合にも悪い、そして「執着」は全部なくさなければいけない、ということは、理論的には言葉の上ではそういえるわけです。しかし実際に、私たちが社会の不正などに直面したときに、どのように実践的に考えていくかを考えるとき、一概に怒りの心を持つことはすべて悪い、すべての執着を離れなければならないというふうにはいえないのではないでしょうか。ですから、理論的に「怒り」は悪い、執着の心をなくさなければならない、ということはもちろん大筋では正しいのですが、実践的な面を考えると、一概に、そのようにはっきりと否定できるものではないので、理論と実践を区別して考えるべきではないかと思います。

上田　いまおっしゃった「捨てるべき執着」と「持ち続けるべき執着」というお話は、私にとってほんとうに目からウロコが落ちるお話でした。私はずっとそのことを不思議に思っていたのです。というのは、日本の仏教において、一部の僧侶ではあるのですが、禅宗のお坊さんであれ、密教のお坊さんであれ、ほかの宗派のお坊さんであれ、私は悟りを開いて、そういった物質的なものへの執着からは離れていて、モノにこだわらなくなっているのだから、どんなに贅沢な暮らしをしても、それには意味はないのだといって、高価な外国車を何台も持つとか、手にはたいへん高価な時計をキラキラはめているとか、毎晩芸者と遊んだりして、とてつもないお金を使うような僧侶がいるわけです。そういうことをしても、それは執着を離れているゆえなのだから許される、というようなことをいう。

これは普通の人間の感覚からいって、どう考えてもおかしいわけです。しかし仏教の「執着を捨てる」という論理のこじつけで、こういった行動を正当化しようとする。しかしながら、そういった一部の僧侶の振る舞いがどれだけ多くの日本人を仏教を信仰することから遠ざけてしまっていることか。だから仏教はだめなのだというふうに日本人が思ってしまうような大きな原因になっているわけです。

執着を捨てるとは無関心になることではない。そして悪しき執着は捨てるべきだが、よき執着は持ち続けるべきだ、そして自分をいかなるときでも向上させていくべきだ、菩薩は衆生を助けたいという心に対しては強い執着を持ち続ける存在なのだ。その話を私はそうした僧侶たちに聞かせたいと心から思います。

ダライ・ラマ　たとえば、チベット密教の奥義である「ゾクチェンの教え」のなかには、私たちが実践の修行をしていく場合に、どういうことが為すべき行いであって、どういうことがやめるべき行いであるかを正しく知る必要がある、と説かれています。いまのお話だと、私の心にはもはや執着はないのだからといいつつ、実際には喜んで多くのものを所有することを享受している、ということになりますね。そのように、心のなかではわかっているのだからという理由で、実際面で、わかっているはずのことを全部犯してしまい、その逆の行いをしているというのは間違った行いでしかありません。自分の心のなかで理解したことを実際面で表現しなければいけないのに、わかっているといいつつ、その逆のことをやってしまうということは、心のなかではわかっている、といったのが偽りであるということを露呈してしまっているのです。

戒律（ビナヤ）の修行の実践ということは仏教の修行のなかで重要な位置を占めていて、この戒律の教えのなかには、非常に実践的なアドバイスがたくさん含まれています。しかし、禅とか、あるいはほかの高度な修行に携わっているような人たちは、精神的なレベルにおける理解をより重要なものとみなしてしまい、私たちの日常生活における行いのレベルのことをより低いもの、マイナーなものだとみなして、その部分を重要視しない、という傾向があるのではないでしょうか。こういった戒律の教えは日本の仏教寺においてはあまり実践されていないのではないか、というような気がします。

チベット人社会でも同じようなことがあって、アメリカに住んでいる高僧たちのなかには、自分は非常に高いレベルの悟りを得ていて、たいへん高度な修行をしているのだから、どんなことをやってもかまわないといって、実際面の行いでは、さまざまな俗人のやるようなことを何でもかんでもやってしまうということが実際に起きています。

もちろん、仏教の修行をしていくうえでは、いかに心のなかでどのようなことを理解しているとしても、戒律の教えを守るということがどうしても必要になってきますが、そのようなふるまいが見受けられるということは、戒律の修行が為されていない証拠だと思います。ある時期から、日本のお寺とか僧侶の社会においては、そういった日常生活のレベルにおける厳しい戒律の修行が為されてこなくなってしまったのではないか、という気がします。

上田　まったくおっしゃる通りだと思います。日本仏教は精神性において非常に高いものを持っていると思います。しかし精神性を重視し、「悟りの境地」といったものがあまりに持ち上げられているために、日常のふるまいが低次のものとして軽んじられてしまう傾向があるのだと思います。もっとも、私が申し上げたような僧侶の場合、日本仏教の問題というより、単にそれらの僧侶たちが人間的にどうしようもない人たちだということなのかもしれませんが、しかしそういう僧侶を生み出してしまい、そしてそうした僧侶たちがときには教団内で大きな権力を持っていたりすることを許してしまっているという意味では、それはやはり日本仏教に内在する問題なのだと思います。

しかしもちろん、日本にも、そういった僧侶だけではなく、心から尊敬すべき僧侶たちもたくさんいるということはぜひ申し上げておかなければいけないと思います。

ダライ・ラマ　もちろんその通りだと私も思っていますよ。

知識と実践

上田　ただ、日本の多くの人は、そういったすばらしい僧侶たちのことはあまり見なくて、一部の非常に腐敗したどうしようもない僧侶たちの姿を見て、仏教への信仰をどんどん失っていってしまっているというのは、ほんとうに悲しいことだと思います。

ダライ・ラマ　その通りですね。それは、おそらく、日本社会だけではなくて、チベット社会でも同じようなことが起きていると思います。

つまり、そのような悪い僧侶たち、あるいは僧衣をまとった単なる悪人がいるということは、どこの国でもあることです。そしてそういう悪い僧侶たちが仏教の評判を落としているわけです。しかし、そういった悪い僧侶というのはもちろん少数派ですし、修行においても実践においてもすばらしい僧侶たちももちろんたくさんいます。それはどこの国でも同じだと思います。しかし、そういう少数派の悪い僧侶たちを見ることによって、一般の庶民は仏教それ自体に対してネガティブな感情を持ってしまうわけです。ですから、チベット人であれ日本人であれ、問題になっているような僧侶たちには何が足りないかというと、勉強しようという意欲が足りなかったり、知識が足りなかったり、真摯な態度が足りなかったりで、そのような間違った状況を引き起こしてしまっているのではないかと思います。

上田　いま最後におっしゃった真摯さといいますか、ほんとうに本気でやっているのかどうかというところが日本仏教では一番問題なのではないかと私は常々思っています。それは発心（ほっしん）の問題といいますか、世界の生きとし生けるものを救済するために悟りを求めようと決意するという、利他の心に基づいた菩提心（ぼだいしん）がはたしてあるのか、という問題です。なぜなら、日本の若いお坊さんなどを見ますと、仏教的な知識は一応あるのです。というのは、日本にはたくさんの仏教系の大学があり、そこで仏教学が教えられており、勉強はするのです。ただ、その仏教の知識をなぜ得るかという動機の面においては、学校の単位を取るためで、なぜ単位を取らなければいけないかといえば、大学を卒業して僧侶になる資格を得ていくためということも多い。つまり、一番の問題は菩提心のレベルなのであって、ほんとうに世界を救いたい、苦しんでいる人を救いたいという動機から知識を得ているのではなくて、まさに菩提心なき知識の習得といいますか、大学を卒業するためにとか資格を取るために勉強するというような面があるのではないかと思います。

ダライ・ラマ　まったくその通りだと思います。つまり、実際に得た知識を実践修行につなげていって、自分の心を訓練し、鎮めるためではないのです。それでは、まったくのところ、単なる知識のみを得ている状況で実践の部分がまったく欠落しているといった、非常に極端な状況に陥っているのではないかと思います。

仏教においては、仏教の教義を学び、知識を得るという一つの段階と、それを実践修行につなげていくという段階があり、その二つ、つまり、知識と実践を結び合わせていくことが非常に重要なことです。それなのに、実践によって自分の心を磨くことより、知識のみを重要視しているというのは非常に問題だと思います。

上田　もちろん日本仏教にも厳しい修行の体系はあります。若い僧侶たちは一定期間本山で修行をすることが義務づけられているという宗派も少なくありません。しかしそれにしても、修行がほんとうに自分を高め、深く学び、よき仏教者となって衆生を救える存在となりたいという動機から生じているかといえば、すべての修行者が必ずしもそうだというわけではなく、僧侶になる資格を取るために修行をするということも少なくないようです。

菩提心を獲得する、そして実践するということなのですが、日本仏教の場合は、そもそも世襲制度というものがあって、なぜ自分が僧侶になるのかという動機自身が、自分の父親も僧侶であり、その寺を継ぐために僧侶になるという人が多いわけです。そうなってくると、そのなかで菩提心を獲得する、発心を起こすというのは、逆に非常に難しいものとなっていくのではないかと思います。そうした制度のなかで、どうやって菩提心を獲得するかということは大きな問題だと思います。

ダライ・ラマ法王ご自身も二歳のときにダライ・ラマとして見いだされたということからすれば、幼いときから僧侶になることが求められていたという意味で、似たような境遇であるのかとも思いますが、ただ、そのなかでこれだけの精神性を獲得されたということは、その教育は非常に成功しているというふうにいえるのではないかと思うのですが、これについてはいかがでしょうか。

ダライ・ラマ　最近では、チベットの僧院でも、僧侶たちが経典の意味を学び、実践することで自分の心を鎮めるというのではなく、単に知識として知るのみでそれを実践しないという傾向があるようです。昔から、僧院では経典の意味を学ぶのと同時に、ラムリム（注：ツォンカパの著作である『菩提道次第論』）のような、自分の心を鎮め、よき変容をもたらすための教えも一緒に教えていましたが、最近では、経典のほうはしっかり教えるけれど、ラムリムのほうはあまり重要視しなくなっているように思います。これは教える師にもよるのでしょうが、もしすぐれた教師なら、ただ経典の意味を教えるということだけではなく、同時に、それを実践して自分の心を鎮めてよい方向に変容させていく方法も教えるはずなのです。しかし師がそれをせず、知識のみを教える偏った教育をしてしまうと、弟子は経典に関する知識はたくさん持っていても、傲慢で、嫉妬深く、正しい道を知らない人間になってしまい、自分の心はまったく鎮められていない、ということになってしまいます。これは実践の伴わない知識だけの勉強に走ってしまったしるしなのです。

上田　ほんとうにその通りだと思います。

ダライ・ラマ　釈尊も、知識だけははなはだしくたくさん持っていても、自分の心がまったく鎮められていなければ何もならない、ということをはっきりおっしゃっています。

同様に、ツォンカパ導師（チベット仏教最高の学僧）も、「教えをたくさん聞いていても、心が鎮められていないのは、教えを実践しなかったしるしである」という偈（四行詩）を残しておられます。これは、教えは自分の心の連続体の汚れを浄化し、よき変容をもたらすためのものなのに、教えをたくさん聞いて経典に関する知識をたくさん持っていたとしても、その人の心が鎮められていなければ、それは教えを実践していないというしるしである、ということを諭されているのです。

自分の師から何らかの教えを受けるとき、それを単なる知識的なレベルのみにとどめるのではなくて、実際にそれを自分の心のなかに取り入れて、自分の心の流れを鎮めていくことに使わなければいけません。ですから、チベットの僧院では、経典を何巻か暗唱させてそれを教えると同時に、その経典の意味をいかに自分の心のなかに取り入れて、自分の心の流れをよい方向に変えていくか、ということを学ぶためのラムリムの教えも同時に教えているのです。

近代化と信心というジレンマ

上田　それにしても、なぜ日本の仏教がそうした変容をきたしてしまったのか、私にも判然としないところがあります。

ただ、こういう議論があります。仏教を大学で教えるということ自体が、あまりよくないのではないか、という議論です。日本の近代化のなかで、仏教の諸宗派も次々と自分の宗派の大学をつくっていったわけです。ところが、大学の教育というものは非常に公式的なものです。知識の伝達にしてもいままでの伝統的な仏教であれば師と弟子の間で行われ、その師匠が弟子の学習の段階、心の成長の段階を見極めつつ、まさにいまここでこれを教えるべきだというタイミングを見計らいながら、知識も伝授し、実践も促してきたわけです。仏教の教育は古来から、そうした師匠と弟子の間で臨機応変になされていたわけですが、大学というような、非常に公式的な場で、そういった弟子と師匠の関係から離れたところで知識が一人歩きをして教えられてしまうということが、やはり、仏教の知識の伝達のなかでは大きな欠陥をはらんでいるのではないか、というような議論が日本でもなされています。

ダライ・ラマ　チベットにある僧院も大学のようなものになっています。いまでは大学という名前もついているものもあります。もちろんそのなかで仏教の勉強を進めていく場合は、大学と同じようにクラスが一つ一つ上がっていくわけですが、通常の大学との違いは何かというと、ラムリムの教えによって、いかに自分の心によき変化をもたらすかという部分をより強調して教え、その部分を主流にしていくやり方をとっているのです。そこでは主に、自分の心のなかで何がよきもので取り入れるべきものか、何が悪いもので、なくすべきものであるか、ということをはっきりと教えていきます。同じ大学という名前でも、そういった部分があるかないかという違いではないでしょうか。

しかし、インドに亡命しているチベット人たちの間では、普通の教育システムによる学校を出て、その後に僧院に入るという若者がだんだん少なくなっているのではないでしょうか。

（ゲシェ・ドルジェ・ダムドゥルに向かって）チベットから出てきたばかりで、状況がよくわかっていないような若者は僧院に入るかもしれないが。実際のところはどうなのか？

ゲシェ・ドルジェ・ダムドゥル　最近はみんながアメリカなどに移住していってしまい、僧院で仏教を学ぶ僧侶の数がどんどん減っていっています。つまり、普通の近代的教育システムによる学校を出てしまうと、宗教には関心があまりいかないというような危険がでてきているように思われます。

ダライ・ラマ　とすると、チベットが近代化された社会になってしまったら、どうなるだろうか？

ゲシェ・ドルジェ・ダムドゥル　きっと僧院に行く人はますます減るでしょう。

ダライ・ラマ　そうならないようにするには、どうしたらいいだろうか？

ゲシェ・ドルジェ・ダムドゥル　…………。

ダライ・ラマ　我々チベット人社会にも、こういった問題がいずれ生じてくるでしょう。もしチベット社会が近代教育システムを取り入れ、チベット人の生計の立て方もそれによって変わっていけば、僧院も単なるアカデミックな組織になってしまうかもしれません。そうなれば、ほんとうにチベット社会には危機が訪れることになります。

それではどうすればいいか、というと、学校で仏教を教えることにもっと力を入れていけばいいのではないでしょうか。もし、近代的な教育システムの学校においても、仏教の勉強も取り入れていくような方向性が出てくれば、普通の学校を出た段階で仏教の知識もあり、仏教に対する関心を持つことができて、普通の近代システムにおける学校を出たあとで、さらに自分の心のよき変容を求めて僧院に入ろうというような人も出てくる可能性はあります。そのためには、ごく普通の在家の若者たちが、男女の区別なく勉強できるような仏教の大学、組織をつくる必要があるのではないでしょうか。もし、僧院に入るということが、出家して坊主になるということであれば、それはごめんこうむりたい、という人がたくさん出てきてしまうでしょうから(笑)。在家でありながら、仏教の修行をして自分の心を磨くという方向性を探ることに関心を持っている若者たちのために、そういう学校をつくることも必要になってくるのではないかと思います。

ダラムサラにある仏教論理大学はチベット人の女性の入学を許していません。その入学規定を改めるべきだといままでも議論されながらも、まだ直されていませんが、これはぜひ改めなければならない。仏教を勉強したいと思っている在家の女性に対しても、仏教の勉強の場が開かれているべきですから、こういったルールはきちんと変えるべきだと思います。

あるチベット人の女性が仏教論理学の勉強をしたいと、仏教論理大学に入学を申請したのですが入れてくれないということで、ジャムヤン・チュリンという尼寺で勉強しています。その女の子の先生であるロゼリン学堂のゲシェ(仏教博士)と話をしたことがありますが、その女性は非常によく勉強をし、たいへん熱心に仏教の勉強に励んでいると聞きました。このような場合には、女性に対しても仏教を勉強する場が開かれているべきです。もちろん、僧院に対して在家の者も受け入れてくれというようなことをいい出してしまうと、またそれにはさまざまな困難な点が出てきてしまうのではないかと思いますが、すべての男女に対して、そして、在家であれ出家であれ、男性であれ女性であれ、同じように仏教を勉強する場があるべきだと私は思います。仏教をよく勉強している両親が子どもを持った場合には、両親ともに仏教の知識をとても持っているわけですから、その二人の子どもも必ずよき影響を受けて仏教の知識と仏教の実践の面を受け継いでいくことができるのではないかと思います。さきほどの仏教論理大学は、外国人は受け入れているようですが、チベット人の在家の女性に対してまだ門戸を閉ざしているようです。

上田　チベット仏教もそれなりの問題をいろいろ抱えているということをうかがって、少し驚くとともに、現在の日本における仏教の状況が今後のチベット仏教のあり方への参考といいますか、警鐘になればと思います。

ダライ・ラマからの招待

ダライ・ラマ　あなたはたいへんに真摯な気持ちで日本の仏教、日本のお寺、仏教社会に関心を寄せて、そこに欠けているものをなんとかしようという強い問題意識を持っていらっしゃるようですが、そこで私から一つ提案をしたいと思います。南インドに再建されているチベット仏教の大きな大学寺を訪問して、そこでどのような学びの方法がとられているのか、師と弟子の関係はいかに築かれているかといったことを視察にいかれてはいかがでしょうか。大学としてのシステムをとっているこの大きな僧院では、知的なレベルの勉強をするということのみならず、学んだ知識を真摯な態度で実践に移していくという部分も併せて教えています。この現場を実際に観察してくることは、大いに価値あることではないかと思います。そして視察によって得た何らかの提案によって、日本の仏教社会のリーダーたちに示唆を与えることもできるのではないでしょうか。

上田　ありがとうございます。ぜひ南インドにうかがって、拝見させていただければと思います。

しかし、考えてみますと、日本仏教における世襲制度、親から子へ、子から孫へというふうに住職の座が移っていくというシステムは、子どもが小さいときから一貫して仏教の教育ができるということで、それは知識においても実践においても、行き届いた教育ができるという側面もあるわけですから、考えようによっては、僧侶を養成するよいシステムになり得る可能性は持っているのではないかという気がしないでもありません。

ダライ・ラマ　チベットの宗派のなかにも世襲制度をとっているところがあります。それはサキャ派で、サキャ派のタクチェン・リンポチェという方はチベット社会において最も高いレベルに到達している高僧のなかのお一人です。ナンバーツーといえるのではないかと思いますが、精神的なレベルにおいては、おそらくダライ・ラマよりも高いレベルに達しているラマではないかと思われます。サキャ派においては、世襲制度によってトップ・ラマの地位が引き継がれているわけです。そういった世襲制によって選ばれたラマが非常に優れた知識と理解を得ているということは、世襲制のポジティブな面です。もちろん、世襲によってもたらされる欠点の面もそこには存在しているのだろうとは思いますが、だいたいはうまくいっているようです。しかし、一般的に見るならば、チベットのお寺の出家僧の多くは世襲制ではありません。

また、出家者ではなく、在家の信者たちの僧院もチベット社会のなかには存在していますが、そのような特別な僧院は世襲制で、父が僧院長であれば、その子どもも僧院長になるというシステムをとっています。

しかし、こういったよい面が生き残ってきたのは、チベットが経済的発展を欠いていたからであり、もしチベット社会がどんどん近代化を遂げていきますと、おそらく日本と同じような問題が必ず生じてくるのではないかと私は感じています。チベットの外のみならず、チベット本土においても必ず起きてくるだろうという気がしています。

そこで、私からの提案ですが、あなたのような非常に知的で理解力のある優れた方が観察するならば、そういった社会の問題点を容易に見抜くことができるのではないかと思います。知性の劣った人には（と祈る動作をして）こうやって祈ることはできても、問題点が見えてこないのです（笑）。

それで、さきほども提案したように、南インドの大学寺を視察していただいて、そのありようを観察していただき、チベットの僧院社会における問題も一緒に議論していただき、解決策としてどのような方策が考えられるかを示唆していただければ、チベット社会にとってもとてもありがたく、役に立つことではないかと思います。ですから、ぜひ、私は、あなたを南インドに招待したいと思いますので、お時間のあるときにぜひインドに来ていただきたいと思います。そして、こうすべきではないかというような示唆を与えてください。私たちチベット人社会も、あなた方日本社会のなかで起きているのと同じような問題に直面するであろうということは、まったく確かなことであるように感じているのです。いま現在は問題がなくても、遅かれ早かれそういう問題が必ず浮上してくるだろうと考えています。

（ゲシェ・ドルジェ・ダムドゥルに）チベット社会に起き始めている社会問題についてさっき触れたが、もう一回詳しくそれを説明してみなさい。

ゲシェ・ドルジェ・ダムドゥル　現在のチベット社会においては、たくさんの人たちがアメリカを始め多くの西洋社会に移民として移っていってしまうことが、だいぶ前から起きています。そのような状態において、私もインドにおける僧院で勉強していた一人ですが、インドの僧院においても真摯な態度で釈尊の教えを学ぶというメンバーがだんだん、減ってきています。そのような状況下では、もちろん仏教論理や問答の精力的な勉強も衰退していってしまいますし、そうなると、自然に仏教に関する勉強をして理解を深め、釈尊の説かれた深遠なる教えを自分の心のなかに受け継いでいくことが、世界からだんだん失われつつある、という問題が現実に生じていると思います。

ダライ・ラマ　いま彼がいったことは事実だと思います。これは単なる私の感情的な誇張ではなく、実際にそのようなことが起こりつつあるのだと思います。きっと、あなた自身も、それを観察すれば、そのように判断することでしょう。

古代インドのナーランダ大学における大いなる導師たちの手によって残されたテキストは、完璧なかたちでの釈尊の教えを後世に残しています。それらのテキストは、ほんとうに一つひとつの言葉が、ナーガールジュナ（龍樹）の「中観（ちゅうがん）」の非常に深遠なる教えを、完璧なかたちでいまの世のなかにまで伝えるものです。世界の六〇億人の人々のなかでも、ひと握りのチベット人の学者たちの間にのみそういった知識が完璧なかたちで伝わっているのです。そのように貴重で希少な、釈尊から熱心な勉学と実践によって途切れることなく伝えられてきた長い伝統が、もしも途切れてしまうようなことがあれば、それですべてが終わってしまうのです。ですから、これは非常に貴重なものであり、ほんとうに大事にしなければならないのです。

上田　南インドの大学寺へのご招待、たいへん光栄なことに存じます。私自身がその問題点までも指摘できるほどの能力があるのかどうかについてはまったく自信がないところがありますが、しかしいま法王がおっしゃいましたように、この貴重な伝統が私たちの生きる時代でもし途絶えてしまったりするようなことがあれば、それは人類にとって大きな損失であるように思われます。私にできることがあれば、ぜひお手伝いさせていただければと思っております。

実際、私は同じような思いを日本仏教に対しても強く抱いております。日本仏教の伝統も、長い間多くの人々の熱意ある実践によって途切れることなく伝えられてきました。しかしいまやその伝統が大きな危機に瀕していると思うのです。これまで述べてきましたように、仏教的な儀式はあります。そして仏教系の大学はたくさんあります。立派なお寺があり僧侶たちもたくさんいます。しかし「生きた仏教」はそこにあるのだろうか。かたちはあるのだが、その仏教ははたして生きているのだろうか、と考えてしまうのです。

仏教は日本文化の偉大な伝統です。そしてそれは世界仏教の大きな流れの一つでもあります。そうした偉大な伝統を、そして現代社会に大きな貢献ができるはずの伝統を、私たちの時代で滅ぼしてしまってはいけない。それがこの伝統への心からの敬意のあらわし方であり、そして現代という時代への責務であると思うのです。

そう考えるとき、私は広島で法王が執り行われた灌頂会（かんじょうえ）に参加させていただいたときのことを思い返すのです。そのなかで菩薩戒を授けるという場に立ち会いまして、そこに参集していた七〇〇人ぐらいの人たちとともに、これからの人生でほんとうに衆生の苦しみを救っていくのだという誓いの言葉、菩薩戒を唱和したときの感動を、いま、ありありと思い起こすことができます。それは自分の身体のなかに熱い思いがぐぐーっと湧き上がってくるような一瞬であり、魂が揺り動かされる一瞬でした。

日本仏教のなかでは、大乗仏教であるから当たり前であるはずの、菩薩を目指していくという部分が欠落してしまっているのではないか。日本の僧侶に菩薩についてどういうふうに考えているのかと聞きますと、もちろん、菩薩とは何かというようなことは大学の仏教学の授業の第一番目に習うことだよというふうにはいうのです。しかし、仏教の知識のレッスンワンとして習うのだけれども、自らが菩薩を目指していくことを実践しているかというと、どうもそうではないらしいようなのです。

自分の宗派と開祖の言葉を歪みなく、ただ繰り返していれば、宗派のなかでは高く評価されるのだけれども、ほんとうに菩薩として衆生を救うという意志を持った僧侶というのは、必ずしもその宗派のなかでは高く評価されないという現実があります。そういう意味では、日本仏教というのは、慈悲の実践を失ってしまっているのではないか。菩薩を目指していくという大乗仏教の根幹の部分から離れてしまっているのではないか、という印象を私は強く受けます。

そしてその慈悲の実践の復活ということが、偉大な伝統である日本仏教に再び火をつけ、まさに現代に生きる仏教として甦る大きなきっかけになるように思われるのです。

ダライ・ラマ　まさに、生きた仏教ではないということですね。知識のみでは仏教は十分ではありません。あなたのいわれることは、まったくその通りだと私も思います。

上田　どうもありがとうございます。もうお時間がなくなっているのではないかということをちょっと心配しています。

ダライ・ラマ　あと一つだけ質問をどうぞ。三時三〇分までやりましょう。

持つべき競争心とは

上田　それでは、いかに利他的な社会を建設するかという問いにもう一回戻りまして、競争の意味についてうかがいたいと思います。というのは、いま日本は競争社会をますます過酷なものとしていこうという最中で、非常に厳しい状況を迎えつつあります。確かにそこで目指されている競争社会は非常に問題のあるものですが、しかしその一方でその動きを批判する人は、競争自体の意味を否定しがちで、その悪い面がすごく強調されるわけです。しかし、私は、競争それ自体は、決して悪いものではなく、たいへんすばらしい部分もあるのではないかと思っているのです。

ダライ・ラマ　その通りですね。

上田　というのは、競争には二種類の競争があって、まず第一には、お互いの力を高め合うというような競争の次元があるのではないかと思っております。それは、たとえば、柔道の稽古とか、剣道の稽古を二人でしている場合に、勝ち負けにこだわるというのではなくて、まさにライバル心を持って競争し合うことでお互いの力を認め合い、そして、お互い頑張ろうなといって、互いが互いを高め合うような競争があって、これはたいへんすばらしいものではないかと思うのです。

ところが、現在の日本社会が目指している競争、あるいは、アメリカナイズされた競争観というのは、勝ち負けを決めるために、勝者と敗者を決めるためにあるといった競争です。そしてその結果、勝ってしまえば勝者はすべてを手にすることができ、敗者はどんな悲惨な状況におかれても、それは競争で負けたのだからしようがないだろうということになってしまう。そうした、勝者と敗者、勝ち組と負け組を決めるためのものといった競争観が蔓延（まんえん）してきているような気がします。

競争という同じ言葉を使いながら、実際にはいろいろな種類の競争があるように私には思われるのですが、法王猊下はどうお考えでしょうか。

ダライ・ラマ　まったくあなたのいう通りだと思います。私は競争心というものを区別して考えています。つまり、あなたのおっしゃるような、よき、持つべき競争心とそうでない競争心ということです。持つべき競争心というのは、私はなんとしてもこれを為し遂げるぞというような、何かよい目標に向かって、自分の心のなかに強い決意の心を持つこと、そして、ほかの人の持っているすぐれた性質をみて、それと同じものを自分も得よう、というような意味で持つ競争心であって、それは、ポジティブな、よき競争心となります。

仏教では、「仏法僧の三宝に帰依する」といいますが、ある意味では、それは三宝に競争心を抱くというのと似たニュアンスがあると思います。つまり、仏陀や僧伽（出家者集団）を模範として、自分も何とか努力して彼らのようなすばらしい境地に至りたい、と望むことによって、その目標に向かって努力をする、という意味における競争心というのはすばらしいものなのです。これは、自分自身を高めていくために必要とされるポジティブな意味の競争心です。

そしてもう一つの、悪いほうの、なくすべき競争心というのはネガティブなものですが、あなたがいまお話しになったことは正確にネガティブな側面をとらえていると思います。つまり、私は勝者であり、あなたは敗者である、という区別をして、二者の間にそういったラインを引いてしまうような競争心です。このような競争心は、相手のことを害することになりますし、自分自身のことをまず最初に考え大切にする、というような位置づけをすることによって、他者に問題を起こしてしまうような類の心であるのです。この類の競争心は、相手の心を直接害することになり、つまりは自分の敵をつくりだすことになります。このような競争心が増えれば増えるほど、その社会にもより多くの問題が生じることになります。しかし、先ほどのポジティブな意味における競争心は、お互いにお互いを高めていくことによって互いを助け合い、社会を一つにまとめていくことにつながりますので、これは育むべきよい意味の競争心となります。

上田　ほんとうにそうだと思います。私は、去年、身近にアメリカ社会を見ましたが、そこでは競争が完全に勝ち負けを決めるためになっています。ですので、いま勝っていても明日は負けてしまうのではないかということで、一日たりとも心が休まることがないという厳しい現実がありました。

ダライ・ラマ　もちろんそうですね。中国もそうです。中国ではいちど競争に負けてしまえば、（と、首を切られるしぐさをして）もう一生おしまいなのですから（笑）。

上田　日本社会もそういう社会になりつつあると思います。これまでの日本社会の競争は、互いを高め合う競争でした。そこには互いに対する信頼があり、社会全体に対する信頼がありました。しかしいま目指されている競争は弱肉強食の競争であり、勝ち組と負け組を決める競争であり、そこでは互いへの敬意や信頼はなく、社会全体への信頼も失われていくように思われるのです。

さて、これが今日の最後の質問でした。

ダライ・ラマ　もう一つ質問をどうぞ。まだ一〇分あります。日本のひかり号のように、時間ぴったりまでやりましょう！（笑）

空性と慈悲

上田　ありがとうございます。それではあらためて、本日最後の質問を申し上げたいと思います。

これは二〇〇六年に来日なさったときの品川と広島での公開講演で私が一般参加者の席から法王猊下にうかがった質問の補足になります。それは、「空性（くうしょう）」の理解と慈悲の関係についてです。

私が品川の新高輪ホテルで法話をうかがった後に会場から質問をさせていただいたのには意味がありました。八〇〇人収容の大ホールの最前列の数列には真言宗の幹部の高僧の方がたがずらっと並んでいたのですが、会場の後ろのほうの在家の参加者や若手僧侶たちが非常に熱心に法王のお話を拝聴していたのとは対照的に、教団で一番高い地位にある幹部級の人たちの、あまりのテンションの低さにびっくりしてしまったのです。緊張感なく座っていて、とても熱心に傾聴している感じには見えない。会場全体の熱気のなかで、そこだけエネルギーが凹んでいるように感じられました。

その会場に向かって、法王は慈悲、思いやりの大切さを諄々とお話しになりました。しかし仏教の本質を説かれている猊下に対して、法王をお呼びしたメインホストである高僧たちが会場の最前列の特別席であのように弛みきった態度でお話を聞いている。その構図はいったい何なのか。私はそのことに非常にショックを受けてしまいまして、そのときにとっさに質問をさせていただいたわけです。

法王は思いやりの大切さをお説きになり、仏教における慈悲の実践がいかに現代社会において重要であるかをお説きになっていますが、この日本社会において、日本人のほとんどは僧侶を慈悲深い存在であるとは考えていない、それはいったいどうしてなのだろうか、そしてその状況に対してどうすべきなのだろうか、というのがその質問でした。それは法王に対する質問であるとともに、その場にいた日本の僧侶たちに対して投げかけてみたい質問でもあったわけです。

一七年前から法王のお話を世界各地でうかがいながら、やっと直接質問させていただいた最初の質問がそんな内容だとは、私としても非常に不本意なところではありましたが、あの会場の雰囲気は私にとってはとても耐え難いものでした。質疑応答の時間があまりなく、お答えの時間も限られていましたため、法王は質問の後半の「この状況に対してどうすべきか？」の部分についてだけお答えになりました。それは「仏教の行方を僧侶たちだけで決める時代は終わった。教育者や科学者や経営者等々、さまざまな分野の人たちが集い、対話を行うなかで、仏教の再生を議論していくことが必要だ」というものでした。

その後広島では、もう一歩踏み込んだ質問をさせていただきました。広島でのご講義で、法王は「空性」の理解と慈悲の実践についてお話しになりました。その内容をまとめますとだいたい次のようなことかと思います。

釈尊の教えは二つのレベルからなる。それは智慧と方便の二つであり、言い換えれば、世界の原理の理解、そして実際に取るべき行動、という二つのレベルである。そして、智慧とは縁起（えんぎ）の見解、すなわち「空」の理解であり、方便とは非暴力の行い、すなわち慈悲の実践を指す。

「空」とは何か。それは「縁起」の見解、すなわち世界のすべての現象は縁起－相互依存性という観点からのみ理解可能なのだという見解であり、それこそがナーガールジュナの中観哲学の核心を為す。すべての物事は、原因がなければ生じない。キリスト教のように創造主がすべてを創ったと解釈するのではなく、仏教では因があるから果があるという、因果関係で捉えていく。だから人間の幸福も苦しみも原因があるから生じているわけだし、世界に現象するすべての物事も原因があるから生じている。つまりすべての物事は、「自性」——それ自体のなかに起源がある——のではなく、原因があって生じているものである。それは言い換えればすべての物事が相互依存的であるということであり、そのことを指して「縁起」という。つまり「空性」とは「何もない」ということなのではなく、すべてのものが縁起のなかにあるということを意味している。そのように、「空」とは「自性が空であること」、つまり物事がそれ自体で存在しているのではなく、相互依存しているということを指している。そして仏教においては、その「空性の理解」という智慧と「慈悲の実践」という行動がともに重要なのだ、というお話でした。

その講義をうかがいながら、私は一つの疑問を感じました。それは、その「空性の理解」と「慈悲の実践」はどのような関係にあるのだろうか、ということでした。というのも、仏教の教理としての「空」を理解し、それを説く僧侶のなかには、明らかに慈悲を欠いて、苦しむ衆生に対して無関心であったり冷淡であったりする人たちもいるわけで、いったいそうした状況はどうして生じてしまうのだろうかという質問を広島での講義の際にさせていただいたわけです。

その質問へのお答えは、ほんとうに「空」を理解しているならば、慈悲が自ずと生じてくるはずで、そうならないのはおそらく「空性」の理解に問題があるのではないか、ということでした。つまり、「空」ということは、この世界には自性するものがないという意味で、すべてのものが相互依存していて縁起のなかにあることを指しているにもかかわらず、あたかもそれが何もないことといったように、虚無的なものとして「空」が誤解されてしまっているからではないか、といったお話でした。

空性の理解が進めば、すべてのものが相互的な関係のなかに縁起しているのであるから、すべてのものがつながり合っており、ゆえに、自然に慈悲というものが生まれてくる、というご説明だったのです。ただ、私としては、「自然に慈悲が生まれてくる」というご説明の部分に関しては、未だ理解できないところが残りました。そこには非常に微妙な問題が隠されているように思ったのです。

品川でのご講演のときにも感じたように、日本では、空性の理解という意味では深い知識を有していても慈悲深さはまったく感じられないというような高僧がたくさんいるわけで、なぜ空の理解が慈悲へとつながっていかないのかということは、非常に大きな問題をはらんでいるように思いますので、ここでもう一回同じ質問を申し上げたいと思います。

ダライ・ラマ　「空」の理解については、チベット仏教のなかには四つの哲学学派が存在しています。説一切有部、経量部、唯識派、中観派の四つです。前二者が小乗仏教の哲学であり、後二者が大乗仏教独自の哲学であり、大乗仏教を学ぶ者は、この四つの哲学すべてを学ばなければなりません。そして四つの内の最後の中観派の見解は、さらに中観自立論証派と中観帰謬論証派という二つに分類されています。さて、深遠なる「空」を理解するためには、このなかの唯識派、中観自立論証派、中観帰謬論証派が主張している無我に関する見解の微妙な違いを理解することが必要です。そしてそのなかで一番深遠でレベルの高い「空」の概念を規定している中観帰謬論証派に基づく「空」とはどういうものかといいますと、「すべてのものは、その因と条件に依存して存在しているだけである」というとらえ方なのです。

つまりそれは、「すべてのものは、それ自体の側から存在しているのではない」という意味であり、「すべてのものは、因と条件に依存して生じたものを概念化しただけの存在である」ということなのです。これは、ものはすべてほかのものに依存している存在である、という縁起の見解を示しており、この縁起の見解によって、私たちはすべてのものの真の姿を見ることができます。つまり、「空の意味は縁起である」、ということが強調されているわけです。

縁起に基づく「空」の見解を理解するとき、その「空」の意味は、そこに何も触れることのできるものが存在していないというような、ただ空っぽのような状態を意味するのではなくて、すべてのものは因と縁によってこの世界に生じてきているということになります。「自性」するものがないという、この縁起に基づいた「空」の理解が第一のポイントです。しかし、これだけで慈悲の心が生じるかというと、そうではありません。そこがあなたがいま疑問に思われて、質問されたところですね。

そこで、第二のポイントですが、このように、縁起に基づく「空」の意味を知ってそれを理解すると、生きとし生けるすべてのものたちが得ている苦しみの根本には「無明（むみょう）」の心が存在していること、そしてその「無明」は滅することが可能であるということを理解できるようになるのです。「空」の理解と、「無明」の心とは、まったく相反するもののとらえ方です。「無明」とはまさにすべての物事が「空」であることと、相互依存していることを理解していないことですから、それゆえ、「空」の見解をより強く確信すればするほど、「無明」の心はその力を失っていくことがわかります。

このことを知ると、私たちが間違ったもののとらえ方をしてしまう源であり、それゆえ私たちの苦しみの源であるといえる「無明」は、「空」の見解を育むことによって滅することができるものだということがわかります。すると、そのような「無明」の状態によって衆生が苦しみを得ている状況を見るとき、ああ、なんとかしてやりたい、という慈悲の感覚が起きてくるはずなのです。苦しんでいる人を見て、その原因が見えるようになる。となればその原因を滅すれば、苦しみがなくなることもわかります。つまりその「無明」を滅すれば、苦しんでいる人の苦しみもなくなることがわかるわけですから、その人を何とかしてあげたいという、慈悲がそこに生じてくることになるのです。

つまり、さまざまなレベルの「空」の理解がありますが、最も深遠とされている中観帰謬論証派の見解に基づく「空」を正しく理解し、その理解に基づけば「無明」の闇は晴らすことのできるものであることを知ると、「無明」によってさまざまな苦しみにあえいでいる衆生を見るとき、慈悲の心を起こすことができるのです。

上田　どうもありがとうございます。日本で質問させていただいたときから抱えてきた問いにお答えいただき、大きな疑問が解けてやっとすっきりいたしました。そもそもこの質問をうかがいましたのは、仏教の勉強をまったくしていなくても慈悲にあふれた人を私は日本で何人も知っているからです。それも、そこらのおばあさんであるとか、おじさんであるとか、ほんとうに市井の普通の人であるわけです。そういう人に会ったりすると、仏教の勉強をして、「空」の理解とかも深そうなお話をなさる僧侶たちのなかに、なぜこんなに慈悲がない人がいるのかと思わされることも少なくないものですから、空性の理解と慈悲の関係についてうかがってみたくなったわけです。

ダライ・ラマ　チベットのおばあさんやおじいさんたち、要するに、それほど教育を受けていないような人たちは、たとえば苦しんでいる生きものを見て、「ああ、かわいそうに」という気持ちをほんとうに心から感じたりします。

ところが、非常に高度な経典を勉強して、高度な知識を得ている僧侶たちは、アカデミックなレベルで高度になったがゆえに、ごく普通の苦しみにあえいでいる生きものに対する慈悲が起きにくいのではないでしょうか。というのは、仏教では人間には三つの種類の苦しみ——「苦痛に基づく苦しみ」、「変化に基づく苦しみ」、「遍在的な苦しみ」——があるとされていますが、その三種の苦しみのなかで、「苦痛に基づく苦しみ」よりも認識することが難しいといわれている、「変化に基づく苦しみ」と「遍在的な苦しみ」のほうに頭がいってしまっていて、一番下のレベル、いわゆる、苦痛にあえいでいるものたちに対する慈悲の心が起きにくくなっている、というようなところがあるのかもしれません。

（ゲシェ・ドルジェ・ダムドゥルに向かって）実際、そうなのかな？　仏教徒であるといいつつ、慈悲の心がないのは一体何故なのだろう？　この人のいうのは実にほんとうのことだ。チベット人のおばあさんやおじいさんたちは、たとえば、病気で、食べものがないというような犬を見ると、ほんとうにかわいそうだと思って何か食べものをやったりするが、それにくらべると、ゲシェなどになっているお坊さんたちには慈悲の心はないように見える。

ゲシェ・ドルジェ・ダムドゥル　全部の僧侶たちがそんなひどいわけではありません。（法王、愉快そうに大笑い）

慈悲の心が起きれば、わかるはずです。（法王、また大笑い）ほんとうに全部の僧侶ではありません。しかし慈悲のない人もいますが……。

ダライ・ラマ　（ゲシェ・ドルジェ・ダムドゥルに）それではあなたの個人的経験を語ってみなさい。

彼は、ＴＣＶ（チベタン・チルドレンズ・ヴィレッジ＝チベット子ども村）というチベット難民のための学校で教育を受けました。そこで高校を卒業するまで、いわゆる西洋的な近代の教育システムにおける教育を受けたあとで、二〇歳のときに南インドにある僧院に入学したわけです。ですから彼は二つの教育の経験を語ることができるでしょう。

ゲシェ・ドルジェ・ダムドゥル　知識をたくさん持った僧侶たちのなかにも、僧院で自分の学んだことを実践に移していない人がいるということは私も認めます。しかし一方で、僧院において学んだアカデミックなレベルの知識を、慈悲の心を育むためにほんとうの意味で実践することのできている人たちもいて、彼らの持っている慈悲の心は、あまりに超越していて深遠なので、ごく普通の一般的な人々が持っている思いやりの力などとは比べものにならないほどすばらしいのです。

さらに、私の個人的な体験を通した感想を述べてみますと、私は、一六年間僧院で勉強をしたのですが、そのなかで自分が感じていたことは、僧院の外の社会と僧院での生活はほんとうに大きな違いがあるということです。心からリラックスして過ごすことができ、友人たちが何でもお互いに助け合うということが自然にそこでは行われていたのです。ですから、そのあとで僧院から外の社会に出たときに、ほんとうに大きな違いがあるということに自分自身気がついてびっくりしました。僧院では皆すべてが友だったのに、外の社会にいったん出ると、周りには誰もいないかのように、自分で自分のことを養っていかなければならない。僧院生活を送っているときは、自分自身も自信に満ち溢(あふ)れていて、守られているという感覚もあって、周りの友人たちとの大いなる調和も保たれていた幸福な時間であったと、いま思い出してもそう思います。

ダライ・ラマ　それはポジティブな面だね（笑）。

上田　もちろん両面をご存知なわけですよね。

ゲシェ・ドルジェ・ダムドゥル　もちろん、ポジティブな面だけではなく、ネガティブな面もあります。先ほどの話に出たように、僧院でさまざまな勉強をして知識を高めた人たちのなかには、初期の段階から実践的な面がともに行われていない人もいて、知識が高められたという意味においては非常に教養があり、高いレベルの理解を得ているのですが、その実践の面がともなわれていないということで、思いやりのある人間になるどころか、非常にクールで冷淡な人も出てきてしまいます。しかし、そういったネガティブな側面を持っている人たちというのは一握りの少数派であって、大多数の人たちは実践をともにするという教えを僧院のなかで受けているので、智慧を土台として、非常に深い思いやりを持つことができていると思います。

ダライ・ラマ　しかし最悪のケースでは、僧院で教育を受けた僧侶のなかには、口ばかりがうまくなり、人を討論で言い負かしたりすることばかり上達して、しかし実際のところは仏教の実践が伴なわず、人々に対する思いやりが欠けてしまうというようなことも確かにあるのですよ。

では今日はここまでにしましょう。

上田　ありがとうございました。

幕間　驚きと高揚のなかで

一日目の対談が終わったとき、私はあまりの熱さに呆然としていた。法王は途中から身を乗り出し、激しく、熱く語り、あるときは怒り、あるときは笑い、そのエネルギーはまったく途切れる気配がなかった。一時間と厳命されていた対談は、終わってみれば二時間半になっていた。

すごいものを聞いた。とんでもない場所に来てしまったと思った。高度な知性が目の前で次から次へと殻を脱ぎ捨てていく。法王は用意された話を繰り返しているのではなかった。私の発言のひとつひとつを集中して聞き取り、全力を傾注して思考し、そして力強い言葉が溢れ出してきた。そしてその言葉は私がこれまで法王のどの講演でも、どの著作でも聴いたことのないような、激しさとキレに満ちたものだった。

法王の英語のサポート役として、謁見の間には若手僧侶であるゲシェ・ドルジェ・ダムドゥル（ゲシェとは仏教博士の意味）が控えていて、法王は自らの思考の早さに英語が追いつかないときは、チベット語で話した。母語で話すときの法王はますます入魂の姿となり、チベット語のわからない私にもその熱さが伝わってきた。

誰もこのダライ・ラマは止められない。法王の甥である、秘書のテンジン・タクラ氏も、時間のことなど忘れて、ただただ話に引き込まれていた。私と同年配の彼は対談が終わって法王が退去されるやいなや私に近づき、「すごい対談だよ。あんな話を法王から引き出すとは」と興奮した面持ちでいった。謁見の間にいた誰もがその場のエネルギーに魂を奪われていたのだ。

「怒り」についての質問が法王の魂に火をつけたのかもしれなかった。「宗教者が社会的不正に無関心であるのはまったく間違っている」と法王は毅然としていい放った。自ら口をかっと開けて不動明王の面相となって、慈悲から生じる怒りを語った。執着をなくしてすべてを達観し、何が起きても動じず無関心になるのが仏教なのではない。修行して自らを高め、何とか人々の苦しみを救いきりたいという、よき欲望には執着しつづけていくのが仏教なのだと、力強く断じた。

日本仏教の高い地位にある高僧たちから、私はこんな気迫に満ちた言葉を聞いたことがなかった。『がんばれ仏教！』に取り上げたような若手の僧侶たちからは、社会の不正に対する憤りや弱きものへの共感の声を多く聴いた。しかし教団内で高い地位に上っていくような僧侶たちの多くが語る言葉は、当たりさわりのない、どうでもいい「ありがたい話」ばかりだ。本気で人々を救う気があるのか？　現代という時代と向き合う気があるのか？　といぶかられるような、弛緩（しかん）しきった雰囲気が横溢（おういつ）している。

そう、数ヵ月前の法王の講演でもそうだった。対談でも触れたが、品川のホテルの大会議場で、後ろに座っている一般の人々や若手僧侶の態度に比べて、前列の幹部僧侶たちの態度は私の目から見てもあまりにひどかった。私の知り合いである、その宗派の若手僧侶は怒りに震えながら教えてくれた。「法王の真ん前で寝ている僧侶がいる。自分の斜め前の僧侶はガムを嚙みながら聞いていた!」

しかしダラムサラで私はさらに信じられない話を聞いた。実はその教団幹部の高僧たちは、講演の前に法王と対面する会合を持っていた。法王は「今日は日本の高僧たちと語り合える」と朝から上機嫌だったという。そして二〇人ほどの幹部たちはダライ・ラマと向かい合うこととなったのだが、誰も発言をしようとしない。ようやく一人が質問をして、法王がそれに答えて、さてこれから対話が始まるのかと思いきや、またもや沈黙が支配した。すると、そこで進行役が「では何もご意見もないようですので、これから写真撮影に移りたいと思います」と宣言し、「今日はせっかくの機会ですので、出席者お一人お一人が法王とツーショットで撮影ということで」と、法王を立たせて、全員が入れ替わり立ち替わりツーショットで写真を撮りまくったのだという。

あまりの恥ずかしさに私は卒倒しそうになった。ダライ・ラマは当然、国境を越えた仏教者同士の対話が実現するのだと思ってその場に臨んでいた。しかしこの高僧たちは、せっかくの機会に何も話すべきことがないのか？　質問も意見もエールの交換も何もないのか？　仏教者同士の深遠な話はないのか？　現代の救済について魂からの対話をしようとは思わないのか？　その場に臨んで、最初から写真撮影のことしか考えていないのか？

おそらくその写真は大きく引き伸ばされて、教団本部や管長室や自分の寺の目立つところに掲げられるのだろう。そしてその写真が彼らの権威をますます高めることとなるのだろう。だから目的を既に果たした高僧たちは、講演会場でかくも弛緩しきっていたのだ。

あまりに情けない出来事。しかし帰国後この話をさまざまな宗派の僧侶たちにしたが、どの宗派の僧侶たちも「うちの宗派の偉いさんたちでも似たようなことが起こる可能性が大ですね」という。あるひとつの宗派の問題ではない。これが日本仏教の現実なのだ。

しかしその現実があればこそ、私はこうやってダラムサラまで来てダライ・ラマ法王と対談をさせていただいているのだ。その意味では、それも縁起のなせるわざなのだろう。そして、法王もそのことに気づかれているからこそ、ここまで熱く、激しく語ることとなったのかもしれない。

一日目の対談が終わり、えもいわれぬ充実感だった。謁見の間から退去し、ホテルに帰る間もずっと興奮が続いていた。昨日の早朝に大阪を出てから一時間しか横になっていないのに、全然眠くなかった。それどころか頭脳は冴え渡り、身体もエネルギーに満ち溢れているように感じられた。

それは好都合だった。一日目の対談が終わったとはいえ、そこで話された内容を整理して二日目に臨まなければならない。英語で行われた対談をまずは日本語に直し、論点を整理する必要があった。そのために、対談にはダライ・ラマの日本語通訳を二〇〇〇年から務めている、マリア・リンチェン女史に同席してもらっていた。マリアさんは日本名を鴨居真理さん、早稲田大学の建築科を卒業した後、縁あってチベット亡命政府の建築物をボランティアで建てることになり、そのままダラムサラに住むこと二〇年以上。その間に仏教に目覚め、現在は図書館長をなさっているゲシェ・ソナム・リンチェン師の弟子となって、仏教を学ばれてきた。今回の対談の翻訳をしていただくにはまさに適任の方だった。

マリアさん、私に同行した編集の向坂氏、そして私の三人はホテルに帰り着いて一息入れると、私の部屋ですぐに今日の対談の翻訳に着手した。謁見の間で録音したテープを回し、それを聞きながら私の英語は私が日本語に訳し、法王の英語とチベット語はマリアさんが日本語に訳し、その訳をもう一つのテープレコーダーに録音していく。ほとんど同い年の三人の共同作業である。

三人とも明らかに興奮していた。「あんな法王猊下は見たことない」とマリアさんはいった。「すごい迫力でしたね。びっくりしました」と向坂氏も感動していた。そしてその感動を噛みしめるように、私たちは四時間ほど根を詰めて翻訳作業を続けて、対談の半分ほどを日本語に直した。日本語になるとその内容が別のかたちでリアルなものとして浮かび上がってくる。しかしあっという間に夜も更け、冷え込むホテルの部屋で我々はコートを着ながら作業を続けたのだが、さすがに私と向坂氏の頭も回らなくなってきた。「今日はもうここまでにして、残りは明日の朝からやりましょう。夕ご飯食べに行かないと、レストランも閉まっちゃいますよ！」私たちは食事も忘れて翻訳に没頭していたのだった。

私たちは近くのインドレストランを目指してホテルを出た。そして、そのとき私はダラムサラの町をまだ全然歩いていないことに気づいた。どんな町なのだかまだ全然知らない。大阪、成田、デリー、ダラムサラ、ダライ・ラマ法王……。脇見もせずただ一直線に進んできた。やっと着いたのだという実感が湧いてきた。空には満天の星が瞬いていた。

第二章 愛と執着

仏教復興のために

上田　昨日は長時間にわたりまして、ほんとうにありがとうございました。たいへん刺激的で本質的なご意見がうかがえまして、感動いたしました。この本が出版されるのが、法王猊下が二〇〇七年一一月に日本にいらっしゃる前だということ、そしてその来日が全日本仏教会の招聘によるものだということも非常に意義深いことだと思っております。というのも、全日本仏教会の大会が、単なる儀礼的なものではなくて、非常に真摯なものになり、そしてそれが日本仏教の改革（リフォーム）につながっていくことを切に望んでいるからです。

ダライ・ラマ　「リフォーム」とはどういう意味でいっているのでしょうか？　リフォームというのは強過ぎる言葉なので、いま求められているのはリフォームではないと思います。私は、日本とか中国、韓国、ベトナムなどをはじめとする仏教国においては、それぞれの国においてすでに豊かな伝統がそこに存在していると思うのです。ですから、ここで必要なのは、リバイブというか、仏教に対する関心を高めていくことですから、リフレッシュというようなことだと思います。なぜかというと、すでにそういった仏教国のなかには、さまざまなマテリアルが昔から伝統的に存在しているからです。しかしそういった経典（テキスト）が単に聖なる場所におかれているだけでは何の役にも立ちません。そこで、そういったテキストを実際に持ち出して、それを読み、勉強し、それについて議論する、ということが必要なのです。ですから、リフォームではなく、（チベット語で）「衰退しているものを復興させる」ということ、つまりリバイブ（復興する）が必要なのだと思います。

上田　私が意味していたのもそういうことでした。私が提唱しています「仏教ルネッサンス」というのはまさに仏教を復興するという意味で使っております。

ダライ・ラマ　そこで、仏教を復興させるために重要なことは、以前から存在している伝統にただ満足していたのでは、復興させることはできないということです。何かが欠けていて、いまのままでは十分ではないのだ、という認識を持つことによって、復興させようという努力をしていくことが必要とされているのです。ですから、あなたが仏教を復興させなければ、ということを指摘してくださるのは、これからの方向づけを呼び起こすためにたいへん役立つすばらしいことだと思います。

交換可能な生

上田　ありがとうございます。それでは今日の第一の質問としまして、いま、日本社会が直面している困難な問題について、そして、日本人の抱えている心理学的ないし哲学的な問題について法王のご意見をうかがいたいと思います。それは、日本人が、自分自身の人間の尊厳というものを見失っているというか、それをとらえられないということであり、また、自分自身に対して自己信頼を持つことができない、という問題です。

私は二〇〇五年に『生きる意味』という本を出版したのですが、そこで主張したのは、現代の日本人が直面しているのは「生きる意味の不況」なのではないかということでした。多くの人たちは経済的な不況が問題なのだといいますが、しかしそれよりも深刻な問題は「生きる意味」の不況、すなわち、生きる意味を私たちが見失っていることではないのか。これだけ豊かな社会になって、なおかつ満たされない、幸せだと思えないというのは、私たちの社会システム、そして自我のシステムに、私たちを幸せにさせない何ものかが埋め込まれているからなのではないかと思われるのです。

そのことを端的に示している言葉があります。この頃日本人がよくいう言葉に、「私はなにか私であるとは思えない」とか「私が誰かほかの人であってもいいような気がする」といったような言葉があります。私自身が私であるとは思えないといった感覚であるとか、私は誰か別の人の人生を生きているような気がする、というような感覚です。別に私は私でなくてもほかの人でもいいのだという感覚は、いわば他者との交換可能性といいますか、巨大なシステムのなかで私がほかの人と交換可能な存在になってしまっている、ということを意味しているように思われます。

たとえば、優秀な大学に通っている学生にしても、自分はこの成績を取ってこの大学に入ったが、このくらいの成績を取れる人間はほかにもたくさんいるのだから、私は別に私でなくたっていいのではないか、というふうに思ってしまう。あるいは、会社員であっても、私はこの大きな会社のなかでは交換可能な部品のようなもので、ダメになればすぐ誰かと交換されてしまう、オレの代わりなどいくらでもいるのだ、というふうに思ってしまうわけです。こういう感覚というのは、豊かな日本社会のなかでの「生きる意味」の疎外といいますか、我々が生きる実感を得られないというような問題にもつながっております。

これはまた日本の教育の問題でもあります。これまでの日本の教育は、優秀で、仕事のできる人間を大量に生産することには秀でているのですが、そのなかでユニークな個性ある人間を育てることは目標にしてこなかったわけです。

ダライ・ラマ　ユニークな個性というのはどういう意味でおっしゃっているのでしょうか？

上田　ユニークな個性を持たないということは、自分の意見を持たないということです。そして自分独自の行動をしないということです。日本社会では学校の先生にせよ、親にせよ、子どもに対して「あなたもほかの人と同じように行動をしなさい」、「人と違うことをしてあんまり目立たないように」という傾向が非常に強いのです。

ダライ・ラマ　ということは、みんなが同じような人間になってしまうということですか？　つまり、それは、個性が失われているということですね？

ゲシェ・ドルジェ・ダムドゥル　それは創造性を欠いてしまうということなのでしょうか？

上田　そうですね。創造性を欠いているともいえますし、自律性を欠いているともいえます。つまり行動や思考の動機となるものが、自分はこう考える、自分はこう行動したいといった自律的なものではなくて、ほかの人からこういわれた、こうすると他人から褒められるといったように他律的なのです。

ダライ・ラマ　あなたのご経験から見て、西洋の大学における学生たちと、日本の大学の学生たちの間に何か大きな違いを認めておられますか。

上田　もちろん、たいへん大きな違いがあります。たとえば、二〇〇五年に滞在したスタンフォード大学などでは、私の講義でも学生は自分自身の意見をいいたくてしようがないという感じで、一時間一五分の講義のなかで私が四〇分も話してしまいますと、ディスカッションの時間が少なくなってしまうと、学生がイライラし始めます。そして私の話が終わるやいなや、学生たちは質問や意見をどんどん私にぶつけてくるわけです。それもほかの人とは違った非常に個性的な意見をいおうとする。それに対して、日本の大学では学生たちは意見をあまりいわないし、質問もあまりしません。わからないことがあるなら質問すればいいのですが、日本の学生は「この場では何を質問すれば正しい質問なのだろうか？」とか考えてしまうのです（笑）。

ダライ・ラマ　つまり、日本で起こっていることは、個性の喪失（そうしつ）ということですね。

上田　ええ、その通りです。一人ひとりのアイデンティティが確立していないというか、個人としてのアイデンティティが喪失されているという問題だと思います。

それは日本仏教についても似たようなことがいえるのかもしれません。昨日も議論に上ったことですが、個人個人が教えに対しても懐疑的で、自分自身の問いを持ち、その答えを見いだしていくといったように、個々のアイデンティティを引き出していく仏教というよりも、みんなと同じように考えなさい、大きなものには従いなさいと、個々のアイデンティティを抑圧する方向で教えを説いている傾向があります。

ダライ・ラマ　（ゲシェ・ドルジェ・ダムドゥルに）チベット人社会においてはそういうことが起きているのだろうか？

ゲシェ・ドルジェ・ダムドゥル　…………。

ダライ・ラマ　もしそういうことがあり得るのだとしたら、ほんとうに危機感があるね。

そういう状況については、より詳しく調査研究をすることが大切です。現在の状況をきちんと把握し、調べることによって、問題の方向性を探る必要性がありますね。

ただ私はいまのお話をうかがっていて最初に感じたのはこういうことです。

日本では、過去一〇〇年あまりの間に、西洋の科学技術や近代的な教育システムが入ってきました。そして、おそらく日本の人たちも西洋的な価値観に関心を持ち、それを取り入れていこうと試みてきた結果、日本の国が経済的にも繁栄し向上してきたわけです。しかし第二次世界大戦の戦中、そして戦後の時代に、日本は心理的に大きなダメージを受けてしまいます。そしてフィジカルなレベルだけではなく、精神的なレベルにおいても、非常に落胆するような状況に直面してしまいます。それは、新しい世代において、古き日本のよき伝統のなかにあった価値が失われてしまったということです。さらに日常のライフスタイルはまるで外国人のような環境になってしまっている。つまり、日本人がもともと持っていた慣習とか、日本のよき文化とか、日本人の持っていた伝統的な価値が失われてしまい、そういった状況に対して、我々はいったいどうなってしまったのか、と混乱してしまうような状況が出てきました。西洋のライフスタイルが入ってきたのですが、しかしそれは西洋そのものではなく、日本人は西洋人にもなりきれない。しかし日本人の本来あるべき、よき伝統といった部分も失われてしまっている。そうなると、自分たちの内面には、これがある、といえるようなものが何もない。というように、自分たちのアイデンティティを見失ってしまったような状況に陥っているのではないでしょうか。

無条件の愛の崩壊

上田　私の申し上げた問題は、確かに歴史的な経緯と深い関連を持っています。ただ、日本人一人ひとりのアイデンティティの喪失、自分が自分だと思えないといった問題は、そうした「日本人とは何か」という大きな問題とともに、親子関係とか友人関係のあり方といった、よりミクロな問題にも深く関わっているように思われますので、いまの問題を別の角度からうかがってみたいと思います。

法王は常々、幼児期の母子関係が非常に重要だというふうにおっしゃっています。そして、その母子関係こそが、思いやり、慈悲を育む源泉になるというふうに昨日もおっしゃいました。ところが、その母子関係において、日本はいま大きな問題を抱えているのではないかと私は思っています。その問題というのは、アメリカ社会に見られるように、子どもに対する激しい虐待という問題にも最近は注目が集まっていますが、日本社会の場合はもう一つ別の問題があるように思います。それは愛と執着の問題といいますか、親の子どもに対する執着の問題、あるいは愛という名のもとで子どもを支配するという問題です。

母親にせよ、父親にせよ、子どもが非常に「いい子」であるということを望むわけです。そのいい子というのは、いい学校に行ったり、成績がいいとか、親の望む通りの子どもで、近所や親戚からの評判もよくて、親の自尊心も満足させられる、といった子どもです。しかしそこには大きな問題が潜んでいます。

それは親がほんとうに子ども自身を愛しているのか、それとも「自分の望み通りの子ども」というイメージを愛しているのかという問題です。受験していい学校に受かればば「愛してる」というけれど、受験に失敗したりすると「そんな子を産んだ覚えはない」とか「お母さんは恥ずかしくてもう外が歩けない」という。冗談みたいな話ですが、そこまで極端でなくても、そういった親は少なからず存在しています。そして、それは子どもにとっても大きなプレッシャーになるとともに、自分がほんとうに愛されているのではないという感覚を子どもに強烈に植えつけることになります。たとえば母親は、子どもが算数で一〇〇点を取れば、一〇〇点を取って私はうれしいわというでしょう。しかし子どものほうでは、この母親は、五〇点取ったときのぼくははたして愛してくれるのかなと疑念を持ってしまったりするわけです。一〇〇点の私なら愛してくれるけれども、三〇点とか五〇点の私はもう嫌われるのではないか。つまり一〇〇点という条件を満たせば愛してくれるけれど、無条件に私は愛されているのではない、という「条件付きの愛」の問題です。そしてそうした条件付きの愛が、いまの日本には蔓延しているように思われるのです。

もちろん子どもが悪い成績を取れば親は怒るでしょう。いたずらをすれば叱るでしょう。しかし、昨日法王がおっしゃいましたように、それらは行為に対しての怒りであり、子ども自身に対しては深い思いやりと愛があるわけです。しかし、子どもが何点を取ろうが、どんな学校にいこうが、そのような条件に左右されることなく、まずは私は無条件にこの子を愛しているというような、「無条件の愛」といったものが日本社会のなかで崩壊してきているのではないか。いい子は愛されるけれども、いい子でなくなれば愛されない、そういった無条件の愛の崩壊が一人ひとりのアイデンティティの喪失の根底にあるのではないかと私は思っているのです。

ダライ・ラマ　日本社会では、子どもに対する愛情が、ものに値段をつけるのと同じような基準になっているのではないでしょうか？　つまり、自分の子どもの成績がいいならば、いい仕事をもらえるし高給取りになるというように、そういう基準のみから自分の子どものすべてをはかってしまう。しかしそういう社会においては、子どもの成績が悪ければ嫌いになるというように、子どもに対する無条件の愛情が失われてしまいます。

いま西洋社会で起きている問題は、若い人たちだけを非常に価値あるものとして大事にするが、年をとってしまうともう何も役に立たないということで見捨てるといった問題です。社会全体が生産的な人間である若い世代の人たちだけを大切にするという方向になってしまっている。何かをつくり出してくれる生産力を持っている人たちだけが大切である、というような考えに走ってしまって、すでに定年退職を迎えた人、お金とかモノを生み出さない人たちは役立たずであるとみなされる社会になってしまっています。

先ほどのお話のように、母親が自分の子どもに対して、学校の成績でよい点を取らないと将来よい就職をして高給取りになる機会が少なくなってしまう、というような点からしか見ることができず、子どもに対する愛情が薄れてしまうというようなことが起きている。つまり、母親が子どもを見るときに、その子ども自身を見るのではなく、子どもの持っている能力を見ている、ということが起きているわけですね。

上田　子ども自身を見ているのではなく、子どもの持つ条件を見ている。まさにそこが核心だと思います。

ダライ・ラマ　それは社会全体の問題です。つまり、単にマテリアル（物質的）なものの価値だけを見てしまい、ほかの何も見ていないという、社会全体の大きな誤りが問題なのです。

上田　そこがまさに私が指摘したかったところです。

ダライ・ラマ　そこなのです（と手を叩く）。現代の科学者たちも既にいい始めていますよ。この（胸を手で押さえながら）内なる価値こそが、私たちがより幸せな人生を送るためには最も大切なものであり、いま私たちにとって何よりも必要とされているものなのだと。それは、心の問題だけではなく、私たちの身体が健康であるということも含めてのことです。

社会全体が、物質的なものに惑わされてほんとうに何が価値あるものなのかを見失っているのです。すべての価値観をモノのレベルのみで計り、それ以外の価値を認めない社会になってしまっている。家庭のなかでもお金を稼いでくる人は大切にして、お金を稼いでこない人間は役立たずというように、たとえ自分自身の子どもであっても、お金を稼いでくる望みがあればその子を大切にするけれども、よい稼ぎが期待できないのであれば、役立たずという感じで大事にしない。そして障害のある子どもは役に立たないのだから殺したほうがいい、というような考えまでできてしまう。老人に対しても同じで、老人はもうお金を稼いでくる人間ではないので大切にはせず、余りもののような食事しか与えないというようなことが起きてしまっているのではないでしょうか。

動物に対しても同じです。たとえば、卵を産むニワトリであれば大切にするけれども、雄鶏であれば殺してしまう。雌鶏でも卵を産めなくなれば殺してしまう。人の場合も、まったくそれと同じになってしまっているのではないでしょうか。役に立つ人間だけを大切にして、役立たずの人間は切り捨てるというように。

上田　まったくその通りだと思います。法王猊下はそれをユース（youth）・オリエンテッド、若者を指向した社会だとおっしゃいましたが、そのユースという部分を、ユース（use）――役に立つ、有用性というふうに言い換えてみれば、それはユース（use）・オリエンテッド、つまり役に立つかどうかのみを指向した社会だともいえるわけで、現代社会は役に立つものは認めるけれど、役に立たないものは認めないという文明ではないかと思うのです。

ダライ・ラマ　まったくその通りですね（笑）。つまり、ユース（若者）はモア・ユースフル（より役に立つ）なのです。そして役に立つ人間のみが大事にされる社会では、私たちはこう祈らなければならない。（手を合わせて）私の人生が短命でありますように、と。年をとると、役立たず扱いですからね……（爆笑）。

上田　その通りですね。長生きをして捨てられないようにって。

ダライ・ラマ　これはもちろん、日本人だけの問題ではなくて、すべての人間社会において同じではないかと思います。つまり、お金の価値のみが大事にされる方向に流れてきてしまっているのではないでしょうか。

上田　それは、お金ということだけではなくて、社会のなかでのプレステージ、他者からどう見られるかという社会的評価全般に関わることだと思います。子どもが、ひとが羨むようなエリートスクールに行っているとか、世間の評判がいい会社に勤めているとか、子どもの評判が両親の虚栄心をいかに満たすかという部分が強く機能しているのではないかと思うのです。

ダライ・ラマ　その通りです。人生において最も大切なものは、人間の深いレベルにある人間的な価値であり、慈悲深い友人たちなのですが、そのことが認識されなくなっています。

たとえば、どんなに貧乏な家庭であっても、その家庭のなかに愛があふれていれば、家族は皆幸せになれますが、たとえ億万長者であっても、その家族が互いに嫉妬心や疑いを抱いていたり、愛情が欠けていたりすれば、いかにたくさんのお金を持っている家族で、いい家具に囲まれて暮らしていても、家族の一人ひとりはとても幸せとはいえないでしょう。

これらのことは、表層的なレベルの価値と、深いレベルにおける高度な価値という、二つのレベルの価値が存在しているということを明らかに示しています。そして、私たち人間が本来的に持っている愛や思いやりこそが深いレベルにおける価値であり、それが人間的価値の土台になっているのです。その土台があってこそ、表層的なレベルにおけるお金やモノといった価値も成り立ち、それらが人間の幸福に寄与することもできるのであり、その深いレベルの人間的価値の土台に支えられることのない表層的レベルの価値のみでは、私たちは何ものも生み出すことはできないのです。

愛と執着の区別

上田　ここで一つ教えていただきたいことがあります。それは愛と執着をどのように見分けたらいいのかということです。というのも、ある種の親たちは、子どもたちを「いい子」に育てることを自分たちが子どもを愛している証だと考えるわけです。子どもをいい学校にいかせるのは子どもを愛しているがゆえだと信じ切っている。もちろんいい学校に入るのは悪いことではありませんが、しかし実際のところ、もしその親が「条件付きの愛」に基づいて、その子どもをいい学校に入れたいと思ったりしている場合、それは結局「愛という名の支配」ということにはならないのでしょうか。子どもたちは自分の所有物ではないにもかかわらず、そのように扱ってしまっているということになると、それは愛ではなく執着なのではないでしょうか。条件付きの愛で、子どもをがんじがらめにして支配することでしかないのではないか、というふうに私には思えるのですが、いかがでしょうか。

もっとも、それは子どもへの執着であるとともに、「いい子の親」という自己イメージへの執着なのかもしれませんが、いずれにしてもそうした関係はほんとうの愛とは異なるのではないかと思われるのです。

ダライ・ラマ　あなたの「条件付きの愛」と「無条件の愛」という言葉は非常に明快にポイントをついていると思います。ほんとうの愛というのは、たいへん聡明な子どもに対しても、何らかの障害を背負った子どもに対しても、両方の子どもにまったく平等に、同じ愛を持つものだと思います。そして、何らかの障害を背負った子どもに対しては、おそらくより多くの愛情を持ち、より多くのケアをしてあげるのが自然なのではないかと思います。

もし、愛情がほんものでなくて、条件付きの愛情であれば、自分の子どもが何らかの障害を背負っている場合、そういった子どもはまったく何の役にも立たないと考えて、愛情を失う、ということになってしまうかもしれません。

（ゲシェ・ドルジェ・ダムドゥルに）チベット人社会においては、自分の子どもが身障者の場合とそうでない場合に、両親の愛情にはどのような違いがあるだろうか？

ゲシェ・ドルジェ・ダムドゥル　おっしゃる通り、障害を背負っている子どもであれば、その分だけ余計に愛しく思うのではないでしょうか。

ダライ・ラマ　（つぶやくように）その子が愛しく思えるかどうかなのかな？　どうだろう……。

しかしある程度までは、動物も「条件付きの愛」の親と同じことをしているのではないでしょうか。ある種の鳥たちは、同じ巣のなかに大きい子と小さい子がいる場合、おそらく親はより強い子どもにより多くの餌を与えているのではないかと思います。というのは、フクロウや鷲は、巣のなかの大きい子と小さい子に同じようには餌をやっていない、ということに私は気づいたからです。大きい子のほうに多く餌をやっているので、それでは小さい子は死んでしまうのではないかという疑念を持ったのです。ということは、動物界でもある種の人間と同じような区別を子どもに対してしているということなのでしょうか。私にはよくわかりませんが。

犬やネコのことを考えてみると、子犬や子ネコに対して強い子と弱い子に母親はいったいどのような扱いをしているのでしょう？　私は知らないのですが、とても興味があります。もし強くて大きな子どもに対してたくさん餌をあげ、弱い子どもに対してはあまりあげない、というようなことをしているならば、やはり子どもの持っている価値によって区別をしていることにもなりますね。しかし、動物の場合はきっと、彼らの本質的な面から、生物学的な理由からそうしているのかもしれません。

さらに、体の大小に関してですが、動物たちのメスは体の大きいオスを好むといいます。それはより健康で強い子どもを得るためです。つまり、種の保存のため、よりよい子孫を残すために、生物学的な理由から本能として、より立派で強そうなオスを好むわけです。

よくメスを獲得するためにオスのシカ同士が戦っていますが、勝ったほうは堂々として負けたほうを退け、負けたほうはいかにもがっかりした感じで、自分からその場を去っていきますね（笑）。そういったこともすべて、生物学的な観点から出てくるのでしょうか。

そして人間も同じように、母親が何人かいる自分の子どものなかで、体の強い子どもに対してよりよくしてやるということが、生物学的に根拠があるのかどうか。さらに、弱い子どもに対しては、役立たずでしかないというような考え方から、弱い子どもにはあまりケアを与えないというようなことが、お金や子どもの持つ価値の話は抜きにして、生物学的な観点から生じてくることがあるのかどうか、いったいどうなのでしょう？

あなたがそういう質問を投げかけてくださったお陰で、私のなかでさまざまな好奇心がムクムクと頭をもたげてきています（笑）。

ここで、動物社会においては、文明というものが存在し得るのかどうかという疑問が出てきますが、そのへんはどうなのでしょう？　私はあるとは思いません。

上田　ある定型化された行動規則のパターンを文化と呼ぶならば、動物社会にも文化はあるともいえますが、文明となると少々難しいのではないでしょうか。

いずれにしても、動物においてはやはり子孫を残していくという生物学的な要因が最も優先されているように思えます。ただ、人間においては……。

ダライ・ラマ　動物のレベルを考えてみれば、大切なのは肉体的なレベルでの要素であり、それがすべてを左右する部分が大きいのではないかと思います。そして人間のレベルでは、古代の人間たちのことを考えるならば、より動物的なレベルに近く、強いものがより勝っているとみなされていた社会、つまり肉体的なレベルのみの社会であったのですが、歴史の進展とともに、人間の持っている知性の部分が果たす要素がより大きな部分を占めるようになってきたのです。そして、そういった人間的な知性によって、人間の生活は向上し、洗練されてくるわけですが、こうした人間社会の発展を私たちは文明と呼んでいるのです。

つまり、文明という概念は、人間的な価値、少なくとも知的なレベルに深く結びついています。そのなかで、肉体的なレベルに基づく、強いものが勝っていくといった部分はより少なくなってきます。

さて、確かに知性は人間の持っている非常にユニークな特質であり、文明においては知的なレベルが肉体的なレベルに優越していくわけですが、人の知性が大切な役割を担っていると同時に、そこでも人間の持っている真の愛情、思いやりもまた、同等に大切な役割を果たしているはずなのです。

つまり、人間本来の大切な資質として価値あるものと思われている愛や思いやりと、人の知性とは別のレベルです。人の知的なレベルによってもたらされた文明のなかでは、知性がより大きな役割を果たすようになり、私たち人間は、一人の人間が役に立つ人間かどうかを判断することで取捨選択をしてしまう傾向が強くなっていきます。しかし知性的なレベルのみで私たちが判断することで、文明の時代を生きていこうとすれば、私たちは人間の本来の資質であり最も大切にするべき、愛や思いやりをさておいて、役に立つものだけを選んで大切にしてしまうという方法が、文明のなかで生き残るべき手段として残ってしまう危険性もありますね。そうではないでしょうか？

人間と動物を分かつもの

上田　動物社会から文明社会までの壮大なプロセスのお話でした。肉体レベルが優越している動物社会から、知性のレベルが発展することで人間の文明が生まれ、そこでは動物的な弱肉強食は克服されるが、しかし知性は役に立つものと役に立たないものといった有用性を重視しがちなため、文明のなかでは別の意味での差別が生まれてしまい、知性的な判断のみに頼っていると、動物としての人間が持っている一番基本的な資質である愛と思いやりを抑圧する危険性に直面してしまうという御説には基本的にまったく賛成です。

ただ、文化人類学者としては、人類史を振り返っての若干のコメントをしなければいけないと思います。といいますのも、文化人類学的に人類史を振り返ってみると、必ずしも太古において、肉体的な力が強い人間が強い権力を持っていたとも言い切れない部分があるのです。人類社会の最初期は採集狩猟社会（狩りをしたり、採集をしたりする社会）ですが、採集狩猟社会は完全な平等社会であったということが人類史的には知られています。つまり、誰か一人の狩人が獲物を仕留めた場合に、その仕留められた獲物はその共同体の一人ひとりにまったく平等に分配されるのです。実はその方法が共同体全体が生き残るには最適な方法なのです。その時代はもちろん獲物を保存するということができませんから、たとえば大きなシカを私が射止めたとして、それを私の家族だけで消費しようとしても必ず食べ残してムダになってしまいます。そして狩りというのはギャンブルのようなもので、獲物が捕れる日もあればまったく捕れない日が何日も続くこともあります。となれば、私が獲物を射止めた日はほかの人にまったく平等に分配し、そしてほかの人が獲物を射止めた日は、その獲物を平等に分配してもらうというのが、共同体の生き残りのためには一番理にかなった方法なのです。そのように採集狩猟社会では平等な分配があり、そして権力を持つ人間と持たない人間の分化もほとんどありません。

ところが、農耕社会に入ると人類社会は一変することになります。農耕社会というのは定住社会で、それまでの採集狩猟社会のように、季節ごとに場所を移動していくという移動社会ではなくなります。採集狩猟社会では、移動生活ですから住んでいる家も非常に貧しいもので、何かを貯蓄するとか保存するということはできなかったのですが、農耕社会でひと所に定住するとなると、そこに穀物などの収穫物も貯蔵することが可能になりますし、家具や家財などいろいろな持ちものをため込むことが可能になります。そうして農耕社会においては貧富の差が劇的に拡大し、権力を持つ者と持たない者が劇的に分化していくことになります。地主と小作人、王と奴隷。そういった身分の差が生まれてくるわけです。そして富の集積が可能になり、巨大王権が成立することで、いわゆる四大文明が出現してくることになります。

つまり農耕が開始されてから、人間には所有の観念が生まれ、生き残るためには皆で分配し合うよりも自分でため込むほうが安心だといった考え方が生まれ、農耕社会において、人間は権力や富をめぐって、組織的な戦争を始めることになるわけです。もっとも、農耕社会においても依然コミュニティのメンバーの協力関係はとても大切ですから、そうした競争や敵対心はコミュニティ内ではある程度抑えられることになるわけですが、人間は農耕を始めてから、さまざまな階層が形成され、組織的な争いに直面することとなるのです。

ですので、肉体的な力の強い者がすべてを取るという傾向が文明以前にあって、それが文明の出現のなかで減少していったというのではなく、むしろ農耕が開始されてから人間の権力性と暴力性が増大してきたのだというのが、現在の文化人類学の学説になっているわけです。

ダライ・ラマ　その通りです。しかし、そういった狩猟を行う社会のなかでも、動物世界のように強い動物たちのほうがたくさんの肉を得て食べているということがあるのではないでしょうか。ライオンのことを考えますと、母ライオンが何らかの獲物を捕ってきて肉を得ると、そこへ父親のライオンがのっそりのっそりと（と雄ライオンの歩くまねをしながら）やってきて、そこにいるみんなを追い払い、自分一匹が獲物の肉にありついてしまう。強い者がたくさん取る。それは古代の人間社会でも同じではないのでしょうか。

上田　文化人類学者としては、答えは「ノー」です。

ダライ・ラマ　ほんとうですか？　しかし、ほかの動物社会と比較すれば、そういった社会においては、自分がコミュニティの一員であるという感覚はより強いのではないでしょうか。コミュニティに完全に依存して自分自身が生きているわけですから。

上田　それは確かにその通りだと思います。

ダライ・ラマ　考えてもみなさい。体の大きい人間は自然に胃袋も大きいわけです。だから獲物をみんなと一緒にシェアするために、自分は空腹でもいいなんていうことがありえますか？　そんなことはないでしょう。

上田　うーん、確かにおっしゃるようなこともあったかもしれないですね。では、文化人類学者もある程度まで、法王猊下の説に従ったということにしておきたいと思います。

ダライ・ラマ　（嬉しそうに大爆笑）。

上田　いまお話をしていまして、私が法王のお話を一部誤解していたことに気づきました。それは「文明」が何を意味するかについてです。

文化人類学者からすれば、文明とはナイル、チグリス・ユーフラテス、インダス、黄河といった四大文明に発するものであり、それ以前には文明がなかったように扱うわけです。ですので、法王が「文明」という言葉を使われたときに、私は自動的にそう解釈してしまいました。しかしながら法王は先ほど「動物社会にも文明はあるのだろうか」とおっしゃったように、文明という言葉をより広い意味で、動物や人間が自らの動物性のレベルを超える知的なレベルによって成立させる、意識と社会のシステム、といったような意味でお使いになっているのですね。そのことにいま気づきました。

そうなると、法王のおっしゃっていることは私の文化人類学的な知見とまったく合致するものとなります。つまり、私が先ほどから平等性を強調しています採集狩猟社会は、文化人類学者の定義では「文明以前」になるのですが、法王の定義では「文明以後」になるのですね。そして採集狩猟社会こそが、人間の知的なレベルと、愛や思いやりといった基本的な人間的価値のレベルが、うまくバランスが取れていた時代だということになるのだと思います。

いまから四〇〇～五〇〇万年前に、樹上のサルが地上に降りて直立歩行を始め、サルは人類としての一歩を踏み出しました。それが「猿人」と呼ばれる最初期の人間であり、それから北京原人やジャワ原人といった「原人」の段階を経て、現世人類である「新人」に至ります。それらは決して直線的な進化ではないのですが、大まかな流れはそのようです。そして私が述べた採集狩猟社会とは、既に「新人」になっていて狩りや採集で生計を立てて暮らす人たちのことでした。

法王がおっしゃる、「人間であっても、肉体的に強い者が多く取るという、動物的レベルが優越している時代」というのは、人類史のなかでは「猿人」や「原人」の時代に当たります。確かにそれらの社会は、火の使用や道具の使用といった意味で、野生の動物たちとは一線を画するものではあったにしても、まだまだ人間は動物的であったと思われます。

しかし、人類の意識はその後急速に変化を遂げることになります。脳が発達して、脳容積も現生人類と同じくらいになった結果、「知性」が目覚めてくるのです。いまは絶滅種と考えられているネアンデルタール人の例が有名ですが、遺跡を発掘してみますと、脚が骨折しているにもかかわらず、それから何年も生きながらえたというような例が出てきます。身体に障害を負っても、仲間が助けた。まさに助け合いの時代が始まったのです。

この時代は人類に初めて「死」の観念が生まれたという、画期的な時代でもあります。死者の埋葬が始まる。つまりここから人類は、「死」を意識するようになり、死後の世界を意識するようになります。そしてそれは「生」の発見でもあります。なぜならば、「死」を意識することは、自分たちが〈死んではいない〉という意味での「生」を生きていることを意識することにほかならないわけで、「生と死」という根源的な区別が生じることで、私たちは「生」を生きているという意識を成立させるようになったのです。知性とはまさに「区別すること」という意識の作用の上に成り立っていると思いますが、「生と死の区別」こそがその根源に存在する原初的な区別なのだと思います。

ただしネアンデルタール人は長い間人類の祖先だと思われていたのですが、現在では遺伝子解析の結果そうではないという結論になっています。ネアンデルタール人はさまざまな環境変化に適応できなかったから滅びたという説が有力なのですが、しかし、いずれにしても、人類はこの時代に知性の芽生えがあり、まさに法王がおっしゃいましたように、動物的レベルの「強いものが多く取る」という段階を抜け出していくことになりました。そして採集狩猟社会とは互いの助け合いと平等な分配によって成り立っている社会だったわけです。

この人類史をまとめますと、法王のおっしゃった「文明」とは、そして私の述べた採集狩猟社会は、人類が動物的な「強いものが多く取る」というレベルを超えて知性を獲得し、なおかつ「愛と思いやり」という基本的な資質もまだ強く保持している時代だったといえるのではないでしょうか。しかしそれから農耕社会に移行するなかで、春に蒔いた種が秋に収穫できるといった時間の観念なども持つようになり、人類はだんだんと知性の部分が優越し、役に立つか役に立たないかといったことの区別や、富や権力を獲得するためには人を殺してもいいといった「知性に基づく暴力」を発展させていくことになります。ただ、まだ農耕社会はコミュニティの力も強く、共同体意識もあって、そうした知性的レベルのもたらす弊害が抑えられていました。しかしその後の産業社会になるとコミュニティの力は衰え、人々は自分が社会的動物であることを忘れて、個々がバラバラに生きているのだという誤った意識を持つに至ってしまったことで、知性的レベルの意識の暴走を抑えることができなくなってしまう。そして「愛と思いやり」が人間にとって一番基本的な資質であるということが覆い隠されてしまう……。

これがこの対談の冒頭からの法王の御説であり、それは私の人類史的な知見とまったく合致するものなのだということが、いまわかったのです。

自然治癒力と愛

上田　しかし、そうしますと私たち人類が知性を持ってしまったということは、人類にとっていいことだったのでしょうか。私たちは単なる動物ではなくて、知性を持った動物であり、まさにその知的能力が文明を生み出してきたわけですが、逆にいえば、我々が知的な能力を持ってしまったことが、人間にたいへんな苦悩をもたらしているともいえるのではないでしょうか。

ダライ・ラマ　まったくその通りです。私たち人間の持っている精神的な問題の多くは、人間の知性があまりに高度に洗練されているがゆえに、そしてまた私たちの想像力がたいへん強力であるために出てくる問題ではないかと思います。つまり、知性に基づく科学やテクノロジーが無限の希望を人間に与えてしまっているわけです。その結果として、私たちは基本的な性質を忘れてしまっているのではないでしょうか。

上田　人間としての基本的な性質という意味ですね。

ダライ・ラマ　そうです。人間としての基本的な性質です。私たち人間は動物の一種であり、ほ乳類の一種であるということから来る、基本的な性質のことです。

たとえば、近代の医学システムのことを考えてみましょう。大まかなレベルでお話をすれば、チベット医学の薬は、病気の際に服用することで、私たちに本来的に備わっている自然治癒力を発揮させるという方向で病気を治していきます。しかし、西洋医学による外科的手術においては、何か体に悪いところがあればそれを切り取ってしまうという、まるで機械の修繕のようなやり方をしているわけです。機械はいちど壊れると、機械それ自体でその故障をなおしていくことはできません。ですから、機械の場合はその壊れた部分を取り外して捨ててしまうことになりますが、人間である私たちの体は機械ではありません。私たち人間には何らかのダメージを受けて病気になったり、傷んだりしても、自然にそれを治そうという自然治癒力が備わっているのです。しかし、あまりに私たちが近代科学やテクノロジーに依存し過ぎるようになると、私たちのライフスタイル自体もあたかも機械のようになってしまい、人間本来が持っている基本的な性質から遠ざかってしまう、というようなことが起きてくるわけです。

機械のようになってしまった人間を見てみると、そこには、他者に対する愛や思いやりを育む余地はまったく残されていません。つまり、私たちには単なる知識のみが備わっていて、ほかに対する思いやりという部分が欠落してしまうのです。

上田　それはたいへん興味深いお話だと思います。というのも、私自身の文化人類学者として出発点になった研究はまさに心と身体の関係についてのものであり、自然治癒力の問題だったのです。私は二〇代の終わりにスリランカに二年間ほど滞在し、民俗仏教儀礼である悪魔祓い（あくまばらい）の儀式によって、人間がいかに病から回復するかを研究しました。その悪魔祓いは村ぐるみのたいへん活気ある儀式です。病院に行っても治らない病気や、精神の落ち込み、無気力などに対して、徹夜の儀式を行うのですが、踊りあり笑いありの、村人たちが一体となった儀式によって病んだ人は癒されていくわけです。そしてたいへん興味深いのは、スリランカの人たちが「孤独な人に悪魔が憑（つ）く」と考えていることです。そして「孤独な人に悪魔のまなざしがくる」というのです。つまり、私たちがほかの村人たちから温かいまなざしを受けていると感じているときには悪魔はこないのですが、ほかの人から無視されているとか、悪意のあるまなざしで見られていると感じるときに、悪魔が襲ってくるわけです。ですから、この悪魔祓いは村人一体となって患者をサポートし、一緒に場を共有し、笑い合うことで、孤独を病んでいる人に村人のあたたかさ、思いやりに満ちたまなざしを回復させる場でもあるわけです。

しかしなぜこの悪魔祓いの儀式は病の患者を回復させることができるのか。私は日本に帰国してから、心身医学や免疫学に注目しました。なかでも当時まだあまり知られていなかった精神神経免疫学という、人間の精神状態がいかに免疫力、自然治癒力に影響を与えるのかという分野の新進科学に興味を持ちました。そして、次のようなことが科学的な調査によって明らかになっていることを知りました。

私たちが互いに協力的で、他者と信頼で結ばれ、受け入れられているような状態、つまり愛と慈悲に満ちているような状態では、私たちの免疫能力はたいへん高まった状態にあるのです。しかし、私たちが人から裏切られたりとか、この世界で誰も自分のことを構ってくれないと思ってしまったりとか、自分に対する酷い仕打ちに対して怒りと悲しみで心がとらわれてしまったりしたようなとき、私たちの免疫能力は劇的に低下してしまいます。そして、免疫力、自己治癒力が最大に低下するのは、孤独感と無力感が重なったときだというのです。自分は孤独で、世界から見放され、しかしそれに対して何をすることもできないといった状態です。それはまさに愛と慈悲から見放されてしまったような状態だといえるのではないでしょうか。そしてそのようなとき、身体の抵抗力は最低となり、私たちは非常に病気になりやすくなったり、またそれまでは免疫力で抑えられていた癌が急に大きくなったりと、私たちの身体的健康は危機にさらされることになります。つまり、私たちの心の健康と身体の健康が深く結びついていることは、既に科学の分野においてもかなりの程度立証されているということなのです。

ダライ・ラマ いまのお話は、私たちの心の平和、慈悲や思いやりがいかに大切かを証明する、たいへん力強い理由づけになります。いまの例が示すように、日本のような工業化された社会においては、釈尊の説かれた教え、そのテキストを学ぶだけでは十分ではありません。その教えを科学的な知見と関連づける努力が必要なのです。恐れや不安、ストレスは私たちの免疫機能を低下させます。怒りは免疫機能を食い尽くすと表現している科学者さえいます。逆に、慈悲の心や思いやりは、リラックスした状態、心の平和を私たちにもたらし、それは私たちの免疫機能を維持し、高めることになるのです。

これらの科学的事実を示せば、現代社会に生きる人たちにも内なる価値の重要性を説得的に示すことができるでしょう。内なる価値は、薬によっても、注射によっても、機械によっても創り出すことはできません。その唯一の方法は、私たち自身が、内なる価値、人間のよき資質がいかに大切なものであるかを認識し、自分自身がそれを育み、高めていくように努力をすることなのです。

いま大切なのは、私たちの精神的な資質に対する研究です。特に私たちの感情に関しての研究がたいへん重要だと思います。そしてその点に関して、仏教の伝統は非常に豊かな資源を提供してくれるものです。つまり、私たち人間の持っているさまざまな感情を分類し、ネガティブな感情にはいかに対処すべきであるか、そしてポジティブな感情をいかに高めていくかというように、一つひとつの感情に対して非常に詳しく説明しているのが仏教の伝統なのです。そのようにして、仏教の教えは私たちの日常生活において大いに活きてくるのではないかと思います。

（第四章に続く）

幕間　好奇心旺盛な観音菩薩

二日目の朝、私とマリア女史、向坂氏は、早朝から根を詰めて、昨日の翻訳の残りを行った。それは思ったより時間を取られる作業で、対談ギリギリの時間までかかってしまった。内容も深く、重いものだったから、謁見の間に入った私は、つい先ほどまで格闘していたダライ・ラマ法王と、いま目の前にいる、既に旧知の仲であるかのように喜びいっぱいで私を迎えてくださる法王の間で、しばし逡巡した。

しかし大きな窓から冬の陽が柔らかに差し込み、謁見の間はとても明るくリラックスした雰囲気だった。法王も秘書もゲシェも、その場にいるすべての人たちが、昨日の対談がすばらしく実り多いものであったことを既に知っている。昨日のあの議論に加えて今日もまた対話ができる。いったいどんな展開になるのだろう。謁見の間には皆の期待感が漂っていた。そして法王その人もまた、二日目の対談を心から待ち望んでいらしたようだった。私の肩の力もすうっと抜けていった。

それにしても、こんな偉い人が、どうしてこんなにワクワクしながら話せるのだろう。新しいことに対するこの好奇心はいったい何なのだろう。「無条件の愛」と「条件付きの愛」から出発して、その起源を動物界に探り、人類史に探り……、自ら問いを発しながら、思考を進めていくときの法王の目は喜びに満ち溢れていた。私のような若輩者のいうことにあるときは大きくうなずき、そしてあるときは真正面から反論し、何とか打ち負かそうと試み、そして私が渋々法王の説に同意したときの喜び方といったら！　もう椅子から飛び上がらんばかりに喜びを露にし、身体をよじって全身で笑い転げるのだった。

謁見の間にはさまざまなタンカ（チベットの仏画）が飾られている。しかしさまざまな仏や菩薩の仏画が飾られているなかで、観音菩薩の仏画だけはない。仏画は必要ないのだ。観音菩薩はいま私が話しているお方だからだ。観音菩薩はチベットの守護尊であり、チベット人の精神的支柱である。そしてその観音菩薩の化身が、私の目の前に座っておられるダライ・ラマ法王なのだ。

しかし、観音菩薩ともあろうお方が私ごときを論駁してこんなに狂喜するとは！　何もかも知っているはずの観音菩薩のこの飽くなき好奇心はいったい何なのか……。観音菩薩とはこんなに無邪気な人だったのか！

いつしか私自身も法王のペースに巻き込まれ、私の心のワクワクも止まらなくなってきた。観音菩薩にジョークをかまし、二人で爆笑し合い……、私は自分自身がどんどん浄化されていくのを感じていた。この限りない魂の自由さはいったい何なのだろう。そう、自由なのだと思った。私たちはみな自由になりたいと願っている。そして仏教とは何よりも、人間を自由へと導く道なのだ。

誰もが自由になりたい。しかしさまざまなものが邪魔をして自由になれない。何が邪魔をしているのか、なぜ自由になれないのか、仏教はそのことを教えてくれる。

この観音菩薩様は、質問しても、なかなか仏教の話をしてくださらない。型にはまった抹香臭(まっこうくさ)い説教はいっさいしない。いつも心を柔らかにして、自分の知らないことに嬉々として耳を傾け、考え、学び、問いかけ、ともに喜んでいる。しかしその自由な魂こそが観音菩薩なのだ。涙を流さんばかりに笑い転げ、しかし頭脳は超高速回転で回り続けている。

人生のなかで観音様とこんな出会い方があるとは考えてもみなかった。腹の底から至福の喜びが込み上げてきた。

第四章 日本人へのメッセージ

仏教の現代的役割

上田　仏教は現代に活かされなければならない。まったく同感です。そうしますと仏教というのは、ただお経を唱えていればいいというようなものではなく、さきほどの免疫能力と思いやりの関係など科学的知見との関連も含め、現代における仏教の意味は何なのか、現代社会のなかで妥当性を持つ仏教はいかなるものなのかということを、閉じられた宗教の世界のなかでではなく、私たちが生きている日常レベルで考えていかなければいけないということですね。

ダライ・ラマ　「何をするにしても、それが菩提心に伴われていなければ、ただ単に真言をたくさん唱えたりしても、蛇に生まれ変わってしまう」、という言葉があります。

つまり、菩提心というのは、単なる知識ではなくて、自分の心に備わるべき資質（メンタル・クオリティ）なのです。それは実際に私たち自身が自分の心の底から感じ、体験するものなのです。儀式を行ったり、祈りや真言、教典の言葉を唱えたりすることだけでは十分ではないのです。般若心経（ハンニャシンギョウと日本語でおっしゃる）を唱えるということも、単に唱えるだけではテープレコーダーを回しているのと同じことです（笑）。菩提心が伴わなければ……。

上田　日本人が般若心経を好んでいることをよくご存知で……。そして菩提心なきテープレコーダーのような僧侶たちがいるということも……。しかし、お経の言葉を唱えるだけで、その音自体がマジカルパワーを持っているというふうに主張する人たちもいます。私もやっぱり般若心経の音自体に何ものかを感じるのですが。

ダライ・ラマ　確かに特別な場合においては、お経を唱えている音を聞くだけでもある効果をもたらすことがあります。

（ゲシェ・ドルジェ・ダムドゥルに）動物界のすべてのものにそれが役立つかな？　たとえよい効果を得るためのカルマ（業）を持っていなくても、単にお経の音を聞くことが役立つだろうか？　どう思う？

ゲシェ・ドルジエ・ダムドゥル　その動物に、お経の音がよい効果をもたらすようなカルマが備わっている場合にだけ、役立つのではないでしょうか。

ダライ・ラマ　如来になるためにも、功徳と智慧という二つの資糧を積まなければならない。その両方が揃（そろ）わないといけない。それと同じことなのではないか。

つまり、仏教を現代において活きたものとするためには、仏教をまさに復興させせなければいけないわけですが、そのためには、科学的な知見に基づきながら、仏教の教えを完璧に説明しきることが必要なのであり、それが現代における正しい方向性なのではないかと思います。

上田　ということは、仏教の教義自体も時代に合わせて変えていかなければいけないということなのでしょうか。

ダライ・ラマ　いいえ、仏教の教義を変える必要はありません。

上田　といいますと、何を変えなければいけないのでしょうか。仏教の教義自体は変える必要はない。そうすると、何らかの態度であるとか、いったい何を変えるべきであるとお考えでしょうか。

ダライ・ラマ　まず、仏教徒であるならば、仏教的なシステムがいかに機能するのかについて、表面的なものではなく、もっと深いレベルの知識を得るようにつとめなければなりません。そしてその仏教の実践に対して、現代の科学的な発見と照らし合わせて徹底的に調査し、結果を得たならば、仏教のシステムがまさに現代においても機能し、活かせることに深い確信を持つことができるのではないかと思います。

そして、仏教の学びに関していうならば、僧侶たちが人々を導いていかなければなりません。ですから、僧侶たち一人ひとりが、まず自分自身が勉強することの重要性にもっともっと気づかなければなりません。そして、僧侶自身が仏教を深く学び、心を磨き、修行することによって、よき人間としての模範とならなければいけないのです。僧侶がほんとうに模範となり得ていれば、人々はその姿を見て、仏教を学び、修行することへと自ずから導かれることでしょう。

しかしこういったことは、何も新しいことではなく、仏教のまさに基本中の基本なのですから、先に述べたように、これは仏教の改革なのではなく、復興と呼ぶべきものなのです。

ブッダ自身も社会奉仕精神を持っていた

上田　ここで私は一つおうかがいしたいのです。私が『がんばれ仏教！』のなかで書いたことなのですが、日本の多くの僧侶は、人々の苦しみの声を聞く前に説き始めてしまう。僧侶の前に座っている人が何に苦しんでいるのかとか、この社会のなかにどういう苦しみがあるのかということを認識する前に、ただただ仏教の教義を法話というかたちで説いてしまう。しかしそれではほんとうに仏教が人々の心に届かないのではないのかと思うのです。仏教は人間の「苦」を出発点にしている教えですから、現代においても私たちがいかなる苦しみに直面しているかということから問いが始まらなければならない。しかし、人々がどんな苦しみに向かい合っているのかなどということは関係なく、最初から決まっている「いいお話」をいくら説いても、話の内容は仏教の教えかもしれませんが、その説き方自体が仏教ではないというか、釈尊が「人々の苦しみを救いたい」と思われた志からは遠く離れてしまっているのではないかと思うのです。

ダライ・ラマ 私は一九六〇年代に何度かタイを訪問したことがあります。あるとき、サンガラジャという一番高い地位にある僧院長に会って話をしたことがあるのですが、私は「キリスト教の聖職者たちは、社会のために、教育や医学や福祉といった、さまざまな分野において社会奉仕活動を真摯な態度で行っている。しかし私たち仏教徒は伝統的にそのようなことはやっていない。しかしいまこそ私たちも、そういったキリスト教の人たちのやっているよき実践的な行いを学ぶべきではないか」と彼に話しました。するとサンガラジャは「いいえ、仏教の僧侶は社会から孤立しているべきです」といったのです。これはある意味ではほんとうです。つまり、戒律（ビナヤ）の教典には、僧侶というものは社会から孤立していなければならない、と述べられているからです。しかしこの言葉は、僧侶は社会に貢献するいかなる行いをもしてはならない、という意味ではないのです。一人の僧侶として、俗人の生活領域から離れた静かな場所に孤立して住むべきである、そして戒律を守り清浄なライフスタイルを営むようにと説かれているのであって、それは、社会奉仕活動とか、いかなる社会に貢献するような働き、つまり、ソーシャルワークや、福祉活動や、教育における社会貢献などをも一切するなという意味ではないのです。

釈尊ご自身にもこういう話があります。あるとき、一人の僧侶が重い病気にかかってしまい、長い間寝たきりで体が汚れてしまっていました。しかし誰もその僧侶の面倒をみてやらなかったのです。すると釈尊ご自身が水を運んできて、その僧侶に水を注ぎながら、弟子のアーナンダに病気の僧侶の体を洗わせたということが伝えられています。教えを説くだけではなく、釈尊自身が行動されたのです。それはまさに社会的な奉仕活動でしょう。ですからイエス・キリストが人々を尊重し、貧しい人たちを助けていたのと同じように、釈尊の弟子である私たち仏教徒も、釈尊と同じ精神を持って、病気の人、貧しい人、困っている人々を助けたり、現代教育のために働いたりすべきことはいうまでもありません。

ですからタイにおける僧侶たちの伝統にしても、戒律の経典のなかで説かれているように、自分自身の暮らしは俗人の生活から切り離して孤立しているべきであるということを守ると同時に、釈尊ご自身がなされたような福祉活動もしていくべきである、という二つの面を正しく理解し、結び合わせていくべきだと思います。仏教の僧侶は俗人世界から孤立しているべきであるという言葉は、僧侶と尼僧はいかなるソーシャルワークにも携わってはならない、ということを意味しているわけではないのです。

上田　まったくおっしゃる通りだと思います。日々の暮らしのライフスタイルとしては俗人のあり方を離れ、僧侶としての聖なる空間を確保する。しかし社会的活動としては、慈悲の心をもって、積極的に社会に関わっていく。すばらしいあり方です。ただ最近では、自らの解脱を追究する小乗仏教の伝統を持つタイにおいても、まだ少数派ではありますが、僧侶たちのなかには、社会活動に携わる人が増えているといわれています。

ダライ・ラマ　（驚いて）タイでですか？　それは知りません。

上田　これは一九七〇年代以降のことだと思うのですが、社会的活動に積極的に関わろうという僧侶たちがタイでも出てきました。「開発僧」と呼ばれる僧侶たちですが、エイズの人たちのためのホスピスを建てて活動したりとか、人々を貧困から救うために相互扶助の運動を展開するとか、社会派の僧侶たちが出てきたのです。もっともタイ仏教の教団自体は、法王がおっしゃったように世俗的な活動からは離れるというあり方がまだまだ主流ですから、そういった社会的な僧侶たちは目立ってはいるものの、少数派であるわけですが。

ダライ・ラマ　環境問題に関わっている僧侶たちがいるということは私も知っています。しかし一般的には、私はよく知りません。

いずれにしても、キリスト教徒の聖職者たちはそういった社会福祉活動、社会に貢献する活動に関して、はるかに積極的です。小乗の仏教国といえば、スリランカはどうなのでしょう。

上田　スリランカでは、有名なサルボダヤ運動があります。

ダライ・ラマ　それは私も知っています。

上田　A・T・アリヤラトネという、若き高校教師によって始められた運動で、仏教の教えを根底にしながら、現実の農村開発をダイナミックに進めていくという運動で、世界でも有数の規模のNGOとなるまで発展しているわけですが、考えてみれば、サルボダヤ運動は在家の運動なのであって、僧侶の運動とはいえないですね。

ダライ・ラマ　仏教徒が取り組むべき主な修行は、カルナー（注：慈悲のサンスクリット語）、すなわち慈悲の実践ということです。そして慈悲は社会活動というかたちで実践されるべきです。そのことはもう避けて通れないことです。

上田　日本の意識ある僧侶がタイなどに行くと、小乗仏教の僧侶たちが慈悲の心に満ちてエイズ患者の支援などの社会運動を行っているのを見て、たいへん驚き、感動するわけです。もちろん日本仏教は大乗仏教ですから、タイとか、スリランカの上座部仏教を「小乗」仏教、自分の解脱のみを求める仏教、乗りものが小さい仏教として一段下のものだと思っている部分があります。ところが、実際はその小乗仏教のなかに、日本の大乗仏教よりも乗りものが大きい活動があったりする。衆生を救済する利他行、菩薩の実践をうたっているはずの日本仏教のほうがむしろ乗りものが小さいのではないか、というふうにショックを受けて帰ってくるわけです。そしてそれが逆に日本での社会活動への刺激になる、というような事例があります。

ダライ・ラマ　なるほど。小乗仏教のなかにもまさに慈悲に満ちた活動があるわけなのですね。

しかし多くの日本のお寺や教団も、学校を経営したりしていますね。それはほんとうにすばらしいことだと思います。

上田　その通りです。学校や、幼稚園を経営しているお寺はたいへん多いと思います。その場がまさに慈悲や思いやりを育む場として機能してほしいと私は願っています。

日本の取るべき道

ダライ・ラマ　今日の対談は、現在の日本人が直面している困難な問題についての議論から出発したわけですが、あなたが扱っているこれらの問題にはたくさんの要素が関わっているのではないかと思います。

まず、日本は物質主義的な社会であり、工業化社会です。そのように物質主義的に発展した社会では、お金の重要性のみが強調されることになります。そして、工業化が進んだ社会は、まるで社会全体が大きな機械のようになってしまって、一人ひとりの個的なアイデンティティが失われてしまう社会なのです。それらの問題は、単に日本だけではなく、世界中どこでも起きている共通の問題ではないかと思います。

そのなかで日本の特異な状況というのは、前にも私が話をしましたように、あなた方は第二次世界大戦以降、すべてが灰燼(かいじん)と帰した状況のなかから立ち上がって、ここまで強い国家として育ってきたわけです。しかし、その原動力がどこにあったかといえば、神道でもなく、仏教でもなく、あなた方の国に昔から伝わっていた伝統的な価値観によってではなかったわけです。ならば何が日本をここまで発展させたのかといえば、お金の力であり、テクノロジーの力でした。

ですから、現在の日本人のプライドの土台にあるのは、西洋からもたらされたものなのです。つまり、日本の人々は自分自身の伝統的価値をこれまで否定的に見てきたために、日本人独自のアイデンティティを見いだしにくくなってしまった。西洋化された価値や技術によってあなた方はここまで発展してきたにもかかわらず、自分を鏡に映してみれば、あなた方はほんとうの西洋人ではない、さりとてほんとうのアジア人でもない、ということになって、自分自身のアイデンティティを失ってしまったのではないでしょうか。第二次世界大戦の後、そのような状況に陥り、あなた方は自信をなくし、心のなかに精神的な劣等感が生じてきたのではないかと思います。

上田　確かに第二次世界大戦後に日本人は途方に暮れてしまったと思います。しかしながらその後の「奇蹟の経済成長」の時代においては、日本人はそのアイデンティティ喪失の問題をあっさりと忘れてしまいました。とにかく右肩上がりの経済成長が五〇年近くも続いたのです。その時代に日本を支配していた宗教を、私は皮肉を込めて「経済成長教」と呼んでいるのですが、永遠に成長し続ける経済、今日よりも明日のほうが絶対豊かになるということをすべての人が信じ切って進んでいったわけです。

その「信心」の強さは、神道や仏教に対する信仰などとは比べものにならないほどでした。もちろん健全な経済成長は望ましいものです。しかし教育にせよ価値観にせよ個人のアイデンティティにせよ、「経済成長という神」をそこまで盲信し、それに対してすべてを捧げるというのは、既に病気の域に入っていたともいえます。しかし外国の学者に「ジャパン・アズ・ナンバーワン」などとおだてられ、私たちは自分を見失い、病をますます高じさせていったのです。

しかしその頂点の一九九〇年代初頭にバブル経済が破綻し、日本経済は長期低迷の時代に入ることになります。「経済成長教」が崩壊したのです。そして「経済成長」に自己のアイデンティティを重ね合わせ、物質的な豊かさに自己のプライドを重ね合わせてきた日本人は、ふたたび「私とは何か？」という問いに直面せざるを得なくなりました。しかし、法王がいまおっしゃいましたように、私たちはあまりに「経済成長」にアイデンティティを置きすぎ、過剰適応してきたがゆえに、そしてその過程で伝統的な価値を軽んじてきたために、いまどこに自分自身が立脚していいのかがわからないという状況に陥っているのです。

しかしながら、その状況は一つのチャンスなのだともいえます。逆に日本の世界における役割はその苦境のおかげで高まったのではないでしょうか。というのも、もし我々日本人が、西洋と東洋、そして伝統と現代、という構図のなかで、「中道」といいますか、それらのよきところを選択し、融合して、真に豊かな社会を建設することができるのであれば、この日本という国のあり方は、ほかのアジア諸国の将来を指し示すという意味でも、二一世紀社会のあり方を指し示すという意味でも、非常に重要な意義を持っているのではないかと思われるのです。

ダライ・ラマ　そうです。日本の人たちは、そういった西洋的なものと東洋的なもの、あるいは、近代と伝統的なものをうまく調和させていくという方法をいまこそ見いだすべきであると思います。西洋的なテクノロジーや、近代的な教育システム、そして、よりリベラルな思考形態を使って、その課題を為し遂げるべきなのです。なぜ、よりリベラルな思考によってといったのかといいますと、日本は地理的に孤立し、小さな国のなかで人口密度が高いということもあるのでしょうが、伝統的に日本人は、自分自身を表現することを抑圧するという欠点を持っているように思えるからです。自分自身を閉じてしまって、思ったことを自由に表明しない……。

上田　そうです。非常に抑制的なのです……。

ダライ・ラマ　それに対して、西洋的なリベラルな態度は非常にオープンで、自分の思ったことを何でも正直に表現しますね。そこにある言論や発言の自由はまったくすばらしいことです。そして単に口先だけで自己主張をしているのではなくて、言論には責任感や義務感がしっかりと伴っているのです。

そうしたリベラルな基盤を取り入れた上で、日本人の方々が持っている何千年もの歴史ある伝統を復興させていくことでしょう。まず自然を尊重し、自然を敬う神道がありますね。自然を敬うとは、私たち自身が自然の一部であるという考え方を受け入れることだと思います。私たちは自然によって生み出されたものなのであり、自然は私たちの母なのです。ですから、自然を敬うことは何よりも大切なのです。

そして、これまで議論してきた仏教の復興です。古来の仏教の伝統を、より生きたものとして復興させ、この時代にあったものとしていくことによって、仏教は現代において存在価値を獲得し、活かされることになるでしょう。ですから、一方では（と左手を挙げて）西洋の価値観、つまり、テクノロジーや科学の発展があり、他方では（と右手を挙げて）あなたがたの何千年もの昔から伝わっているよき伝統の復興があり、その二つを合わせれば（と両手を合わせる）、あなた方は誇りを抱けるでしょう。自分自身に自信が持てるでしょう！

上田　日本人へのエールをありがとうございます！　まさにその通りだと思います。確かに、この百数十年間というもの、我々の比較の対象は常に西洋であったわけで、日本はその西洋にいかに追いつくかということを死にもの狂いでやってきたのだと思います。もちろん第二次世界大戦前においては、ナショナリスティックな国粋主義が勃興しましたが、それは悲惨な敗戦を導くことになります。戦後はまさに西洋諸国に追いつけ追い越せの時代でした。そして先ほど述べたように、ジャパン・アズ・ナンバーワンといわれ、西洋を追い越したかと思ったとたんに、自らの足元が崩壊していたことに気づいたわけです。

それで、これまでのやり方に対する反省が起こっているわけですが、しかしながら、次にどういうふうにこの日本を建て直していったらいいのかということがわからないで、日本人は呆然としているところだと思います。この対談でずっと議論してきましたように、私は、東洋と西洋、伝統と現代の中道を歩むことで、日本を利他的な国にし、愛と思いやりに満ちた国にしていくことが、この国の真の豊かさと可能性を開くものだと確信していますが、しかし現在の政府は、一人ひとりの利己的な利益を刺激にすることで、この国をもう一回活性化しようとしているように見えます。しかしそうした利己的な社会は個人がバラバラになってしまいますから、それを旧態依然としたナショナリズムを使って何とか統合しようとしている。それでは法王が先ほど強調なさいましたリベラルな自由に基盤を持った伝統の復興ではなく、抑圧的な悪しき伝統の復活になってしまいます。利己主義を進展させ、その弊害を抑圧的な伝統の復活で補完する。そうした方向性は決してよい結果をもたらさないのではないかと、私は非常に大きな懸念を持っているわけです。それは、私たちの国をますます慈悲と思いやりから遠ざけてしまうような方策に思えるのです。

人間本性としてのプライド

ダライ・ラマ　しかしその話には矛盾がありますね。さきほど、あなたは日本社会では個人のアイデンティティが失われてきた、という話をしていましたね。つまり自分というものはどんな他人によっても置き換えられてしまう存在で、日本では自分というものが見失われていると。しかしいま、日本人が非常に利己的になっていっているとおっしゃっている。それは不思議ですね。自分というものがない、つまりエゴを見失っている人たちが、どうしてエゴイスティックになれるのでしょうか？　エゴがない人はエゴイスティックになれないでしょう？

上田　うーん……、非常に鋭い点を法王はおつきになっています。その点がまさに日本社会のポイントなのだと思います。

通常ならば、エゴがない人間はエゴイスティックにはなれない。己のない人間は利己的になれないわけです。しかし現在日本で起こっているのは、エゴのない人間たちがどんどんエゴイスティックになっているという事実なのです。

法王のおっしゃるエゴというのは、さきほど述べられましたように、西洋人のように自分の意見をはっきりと主張し、しかしその発言の責任も自覚しているし、自分の社会のなかでの責務も自覚しているという、きちんとしたリベラルな公共性を持ったエゴのことだと思うのです。そういった状態を、自我の確立、確立したエゴと呼ぶのだと思います。しかし、ご存知のように多くの日本人はそういったエゴを確立してはいません。他人の目を気にして自分の発言は抑制する。そしてきちんと公共の場で発言しない分、自己の責任も取らない。それはある種、未成熟なエゴともいえますし、大人になっていない、悪い意味での子ども社会のエゴだともいえるのですが、しかしそうした無責任なエゴがどんどんエゴイスティックになっている。つまり、変ないい方ですが、確立されていないエゴがどんどんエゴイスティックになっているというのが日本の状況だと思うのです。

その背景にあるのは、私たち日本人が、私たち自身に対する自信とかプライドを欠いていることではないかと思います。つまり、無条件の私、あるいは、あるがままの私というものに対する自信を欠いているのです。私たちの年収とか、学歴や職歴といった、私に関する情報や条件付けに対して自信を持つ人はいるかもしれません。日本は物質的に豊かな国ですし、学歴も高い国ですし、職歴にも恵まれている。ですから、私たちに付随する情報に関しては自信があっても、しかし、そういったものを一切取りはらったときの裸の私というか、まさに無条件の私自身というものに対する自信とかプライドがあるのかというふうに問われれば、私たちは非常に不安といいますか、自信がない状態を感じざるを得ないということです。

日本では、お金持ちの家の子どもが、自分は非常に不幸であるというふうに思って急に自殺を試みてしまう、というようなことが起こっています。そういった子どもたちは、裕福でいい家に住んでいたり、たくさんのモノに囲まれているのですが、しかしながら、自分自身が尊重されるべき人間だというふうに扱われていないということを感じているわけです。そして、ほかの人からそのように扱われていないだけではなくて、自分自身が自分のことを、尊敬することも、尊重することもできないと感じているわけです。そうした自尊心とか自己信頼を欠いている人間というのは、まさに利己的（エゴイスティック）になっていかざるを得ません。というのは、無条件の自分に対しては自信がないわけですから、それでもかりそめの自信を高めるためには、自分の収入であったり、地位であったり、お金であったり、そうしたものを高めていかなければいけない。これはまったくの間違った戦略だと思うのですが、自己に対するそういった前提に立っているがゆえに、自己を見失っていて、自分に自信がない人間が自己中心的になり、利己的になる、というような現象が生み出されているように思えるわけです。

ダライ・ラマ　どうしてそんなことが起きてしまうのでしょう……（沈黙）。

そうですね、おそらく物質社会においては、お金であるとか、モノであるとか、そういった物質的なものだけが価値のあるものだと考えられているので、そういった社会では当然、私たちに存在している内なる価値、つまり、私たちの心のなかに育むべきよき資質、愛や慈悲の心といったものが見えなくなり、それらに対する関心を失っていってしまうのではないかと思います……（また沈黙）。

私たちが内なる価値について話すときには、一人ひとりの個人が重要性を帯びてきます。ところがその逆に、お金であるとか、物質的なものについて言及するときには、社会とか、会社であるとか、そういったものが個人よりもずっと重要視されてしまうわけです。ですから、両親がいつもお金のことばかりを話しているような家庭においては、慈悲や思いやりといった一人ひとりの内なる価値、個々人が尊重される価値は重要性をなくし、大切なものではなくなってしまう。つまり、社会において、一人ひとりの個人の重要性が失われていってしまうのです。だからそこでは、個人のアイデンティティが失われてしまうのではないでしょうか。

その逆に、人が慈悲の大切さにもっと関心を払うようになると、個人というものがより重要性を帯びてくることになると思うのです。

上田　慈悲と個人……。

ダライ・ラマ　（ゲシェ・ドルジェ・ダムドゥルに）どう思うかね？

ゲシェ・ドルジェ・ダムドゥル　つまり、そういった物質的なものに基づいたものの考え方をしていく場合、私たち自身が機械のようになってしまう。自分は機械の一部分でしかないというような間違った認識に陥ってしまうのではないかと思います。つまり、社会という大きな機械の一部分になってしまうというものの感じ方から、非常にエゴイスティックなものの考え方が出てくるのではないでしょうか。

ダライ・ラマ　それでは、自殺するというのは、どうしてなのか？　人がよりエゴイスティックになっていくと、もっと自殺者が増えてしまうというのは何故なのでしょう？

上田　そのことなのですけれども、現在の日本では、いい子というふうにいわれる子たち、つまり、親のいいつけをよく守り、いい学校に行くし、いい成績も取るし、そういう意味では何の申し分もないというふうに表面上は見える子たちが、実は、その表面下では自分自身に対するネガティブで悲惨な思いと、それに伴う暴力性をどんどん蓄積していって、そしてそれがあるところで一挙に爆発してしまうのです。これを「キレる」というのですが。そして、あるときは溜め込んできたその暴力性が自分に向かって自分自身を自殺に追い込んでいったり、暴力性を他者に向け殺人を犯してしまったり、傷つけてしまったりというような現象があるわけです。

そういう意味では、以前の若者の暴力といったものは、いわゆる、ギャングのような少年たちによって引き起こされていたわけですが、現在のそうした暴力の問題は、もちろんギャングのような子たちもいますが、しかし同時に「いい子」たちによっても引き起こされているということです。表面上はいい子なのだけれども、その下で、暴力性、ネガティブな感情を蓄積してしまうというような状況によって重大な犯罪や自殺の問題が起こっている、というのが現在の状況なのです。

ダライ・ラマ　（チベット語で）う〜ん、さっきいった通りのようだ。

つまりは、深い規範が失われているということでしょうか。つまりは、お金とかモノの価値観ばかりを追いかけていることによってもたらされた結果ではないでしょうか。お金とか物質的なものばかりを大切にするという間違いを犯してしまったからそういうことになってきたのではないかという気がします。しかし非常に複雑な問題ですからもっと状況を深く調べて、それに基づいて解決方法を探っていく必要があると思います。

利己主義と自己嫌悪

上田　しかし、こういった状況に対してこそ、私は仏教というものが、人々の生きることへの支えを与えるのではないかと思っているのですが。

ダライ・ラマ　もちろんです。

上田　そして私は、やはり仏教の慈悲というものは、まさに、無条件の愛、あるがままの私というものを認めていくような愛のことをいっているのではないかと思えるのです。

ダライ・ラマ　そうです。偏り（かたよ）のない愛です。

上田　そして、現在の日本においては、慈悲というものが、他者に対して向けられるということと同様に、自分自身に対しても向けられなければいけないのではないのか、と私は思うのです。

ダライ・ラマ　もちろんです。ほんとうの意味の思いやり（センス・オブ・ケア）は、まず自分自身に対して向けられるべきものだと思います。まず自分自身に思いやりを持ち、それを周りの多くの人たちに向けて広げていくのです。つまり、自分自身を忌み嫌い、嫌悪しているような人は、他者を思いやることなど不可能なことだからです。

上田　ほんとうにそう思います。私が感じますのは、私たちは他者からのいい評価を求めようとするがあまり、私たち自身に思いやりを持てないというか、私たち自身に暴力をふるっているということです。もちろん、他者に対する暴力もふるっているのですが、それに先だって、私自身の人間性、人間の本質、内なる価値といったものに対して、自分自身が暴力をふるい続けている、というところに大きな問題があるのではないかなと思うのです。

ダライ・ラマ　つまり、あまりに利己主義に走ってしまうと、それが自己嫌悪を生じさせてしまうのだと思います。

上田　そうなのです。ほんとうに自己嫌悪が根底にあるのです。

ダライ・ラマ　つまり、私はトップに立つ、私は常に最高でなければならないといっ

た欲望を達成することは非常に難しいわけです。そこで、自分自身が自分自身に求めているものを達成できないということから、自分自身に対する嫌悪感を持ち、怒りを持ち、自分をそして他者を殺してしまう、ということに陥ってしまうのではないでしょうか。

上田　自分自身に敬意を持てなくて、投げやりになり、自分がどうなってもいいというふうに思っているので、他者に対しても、何でもできるような状態になってしまう。自分自身を尊重し、自分自身が尊敬に足るものだと思っていれば、そんな自分が、こんなことはするべきではないとか、エゴイスティックなことはできないという意識が生じるのですが、自尊心がなければ、逆に他者に対して何でもできてしまうというようなことがあるような気がします。そしてそこでもやはり、愛と思いやりという内なる価値に気づき、それを自ら尊重する、自分自身への慈悲を持つということが大切なのだと思います。

さて、昨日からの長時間にわたる議論がちょうど一つの到達点に達しているように思います。そろそろ時間もなくなってきているように思いますが、あと二つ質問をしてもよろしいでしょうか？

ダライ・ラマ　もちろんです。

他者依存と悟り

上田　それではまず、精神世界における依存の問題についてお聞きしたいと思います。これまで述べてきましたような日本社会の現状のなかで、精神的なものや、宗教的なものに救いを求めるという人々も多く見られるようになってきました。スピリチュアルという言葉もブームになっています。

しかしながら、そのなかで、自分自身が主体となっていくというのではなくて、誰か力を持った人に依存していくという傾向も多く見られます。たとえば、前回の来日のときに両国国技館で法王がお話をされましたが、質問の時間になって、ある女性が「ダライ・ラマ法王、ぜひ全世界に向かって、今、ここから平和の光を発して、全世界を平和にしてください」というような発言をしました。しかしながら、それに先立つ講演のなかで法王がおっしゃっていたことは、一人ひとりが世界を平和にしていく中心なのであって、一人ひとりが自分を見つめ、思いやりを持ち、慈悲深い存在になっていくことが、世界を平和にしていくのだということだったわけです。まさに一人ひとりが行動の主体なのであり、一人ひとりに世界の中心があるのだということをお話しになったにもかかわらず、その直後に、ダライ・ラマ法王が世界を平和にする中心なのであり、法王のお力でぜひ世界を平和にしてほしいというような趣旨の発言をしてしまう人が出てきてしまう。

日本社会のなかでは、ほんとうに、自分自身に自信がない、あるいは、自分自身に対する自尊心がないという部分があるがゆえに、そういった状態を克服していこうとするなかでも、ほかの人に頼ってしまう。そういったことが精神世界や宗教のなかでも非常に顕著に見られるようになり、そしてそれがとても大きな問題を引き起こしているのではないかと思っているのですが、そのことについてどうお考えでしょうか。

ダライ・ラマ　他者に対する依存性を非常に強く持ってしまうという問題ですね。もちろん、経済にせよ、宗教にせよ、平和運動にせよ、さまざまな分野においては、ある程度までは誰かがイニシアティブを取らなければなりません。ですからリーダーシップが必要であるとは思います。しかし、もちろん平和を創り出すためには、一人ひとりの個人がポジティブな方向に向かわなければなりません。

上田　一つ例を申し上げますと、オウム真理教の事件については、オウム真理教が法王にたいへん大きなトラブルを引き起こしたことに関して、私も非常に残念なことだと思っているのですけれども、しかし、一人ひとりのメンバーの若者たちは、非常にまじめな若者たちだったわけです。皆、非常に誠実な若者であったし、自分自身を見つめ、自分自身を変えていきたいと思っている若者たちだったのです。しかしながら、その若者たちが、問題を抱えたグルに出会い、そのリーダーにどんどん依存していくことによってあのような事件を引き起こしてしまった。そうしたことが精神世界における依存の危険性の例として挙げられるのではないかと思います。

ダライ・ラマ　ごく普通の人々のなかにそのような傾向が出てきてしまうというのは、日本だけではなく、さまざまな社会に共通した面ではないでしょうか。チベット人の社会にもそういったことはあると思います。たとえば、すべての希望をダライ・ラマという一人の人間に託してしまう。それは非常に愚かなことです。

上田　愚か、ですか……。

ダライ・ラマ　そのような理由から、私たちのチベット人社会では、民主主義のシステムを導入し、政治的な面を司るリーダーは選挙で選ぶようにしたのです。それ以後のここ六年来、私自身の立場は半分リタイアしたようなものになりました。民主主義を取り入れることによって、人々を教育してきたわけです。つまり、最終的にはすべての責任は一人ひとりに依存している、ということです。

一方で、宗教的な面について考えるならば、（マリア・リンチェン女史に向かって）日本の仏教では、グル・ヨーガを教えていますか？

マリア・リンチェン　あまり説かれてはいないようです。

ダライ・ラマ　それはいいことですね。

なぜかというと、チベット仏教におけるグル・ヨーガは非常に大切な修行ではありますが、グル・ヨーガのもたらすネガティブな側面が一つあって、グル・ヨーガのなかではグルにすべてを委ねるという態度が強調されているため、グルへの依存性を強めてしまう危険性があるのです。

ある人が私に、帰依（きえ）というのはどういうことなのかと質問をしたことがあります。帰依するということは、何かに完璧に依存してしまうことで、自立の精神が失われるのではないか、という質問でした。しかし、仏教における帰依というのは、特に大乗における帰依が意味しているのは、自分自身がブッダのようなすばらしい存在になりたい、と強く願うことですから、そこには個人のプライドがたいへん強く存在しているわけなのであって、それは依存ではないのです。

ところが、神の存在を受け入れている宗教においては、すべては神が創造し決定するわけですから、神が偉大で、自分自身には何の力もないといった認識を持ちがちになってしまいます。

上田　私はちっぽけな存在だと……。

ダライ・ラマ　つまり、自分には何かを生み出すような可能性は一切存在していなくて、我々は神という創造主に完全に依存しており、神がすべてを決めていくのだという考え方です。こういったものの考え方は、ある種の人々には非常に役に立つ考えだとは思いますが、仏教的な観点からいうと、そのようなものの考え方は、個人の持つ自信やプライド、創造力といった、何かを為し遂げることのできる力を失わせてしまうものなのです。

つまり、釈尊は、究極的には、あなた自身がブッダとなるべきであるということを説かれているのです。そして、釈尊ご自身も最初は私たちと同じ、ごく普通の人間であったわけです。その普通の人間であった状態から、修行を積んでブッダとなったという模範を私たちに示されているのです。

上田　とてもクリアになりました。神がすべてを決定しているのではなく、自らが世界を創り出していくというのが仏教の立場であること、仏教とは発想の出発点から、個人の主体性を強く問う教えなのだということがはっきりわかりました。

昨日、競争についての議論のなかで法王が「三宝に帰依するということは、ブッダや僧侶たちに競争心を抱くことだ」とおっしゃっていた意味もはっきりとわかりました。ブッダに帰依するとは、ブッダにすべてをお任せするということではなく、まさにブッダにポジティブな競争心を抱いて、私もあのようにすばらしいブッダを目指して生きていくぞという、決意表明なのですね。そしてそのことによって、私に潜在する力を開花させ、自分自身への誇り、プライドを持ちながら、慈悲と思いやりによって自らを高め、世界にも働きかけていく。あるときは慈悲に基づく怒りを持ちながら、そして捨てるべき執着は捨て去り、人々の苦しみを救おうという菩薩としての執着は強く持ち続けながら歩んでいく……。

仏教とはいかなる教えなのかということが、はっきりと見えてきたように思います。

苦しみを超えて説く

上田　では最後に、中道についてうかがいたいと思います。私は二〇〇四年のデリーでの世界仏教者会議で、法王が講演なさった中道についてのお話にたいへん感銘を受けたのです。というのは、巨大な国際会議場には世界各地から集まった高僧たちが詰めかけていたのですが、その前で法王猊下はこうおっしゃいました。仏教において中道という考え方はたいへん重要だけれども、それは単にただ真ん中にいることを意味するのではない。それは、ブッダ自身の生涯を見てもそうだが、最初は王子として生まれ宮殿で享楽の暮らしを送り、出家してからは一転して人里離れたところで今度は死と背中合わせの断食や苦行を体験した。しかしその苦行でも悟りを得ることはできず、森を出て、疲れ果てた心身を癒してその後に瞑想に入り、そこで悟りに至った。それは確かに、享楽でもなければ苦行でもないという意味で中道だが、最初から単に真ん中に座っているのが中道なのではないのだ、と。

人々が苦しんでいる現場にも自ら赴き、時代の苦しみを体験する、そしてもう一方では僧院の非常に静かな、清浄な暮らしというものも体験していく。そうした両極の間をダイナミックに動きながら、その両方を体験し中道を歩むということこそが、仏教における中道の本意なのではないかと私には思われるのです。しかし仏教界のなかには、そういった現実の苦しみには向かい合わずに、最初から安楽な真ん中で何もしないで座っているのが中道なのだといった誤解があるように思われたものですから、私にとっては、デリーの講演における法王の中道の解釈にたいへん感銘を受けたわけです。

ダライ・ラマ　（ゲシェ・ドルジェ・ダムドゥルに）私は、そんな話をしたのだろうか？

まったく覚えてないんだが。

ゲシェ・ドルジェ・ダムドゥル　はい、確かにそういうお話をなさいました。

上田　同じ講演のなかで法王はこうもおっしゃいました。こうやって皆さんは世界平和をテーマにここに集まっているわけだけれども、しかし、皆さんが世界平和が重要だというのは、ブッダが平和は重要だというふうにおっしゃったからなのだろうか。それともあなた自身がほんとうに平和は重要だということを深く認識し、現在の状況をどうにかしたいとやむにやまれぬ思いを持っているからなのだろうか。ただ、ブッダが平和が重要だとおっしゃっているから、私も平和が重要だというのでは、まったく不十分なのではないか、と。

法王猊下は、「いかに暴力というものが悲惨なものかを自分自身も体験して、そこからほんとうに平和が必要なのだということを自分自身の実感として主張しなければ、平和が重要だということをただお釈迦さまがそうおっしゃっているからということで繰り返していても、まったく意味がないのだ。そういう意味では、ただ平穏に僧院のなかで瞑想だけをしているのでは十分ではなくて、まさに、僧院の外にある暴力に向かい合っていかなければいけないのだ」というようなことをおっしゃったわけです。

ダライ・ラマ　現実に無関心でいることを中道だと称している、あるいは、そういった極端な状況を知りもせずにいるということを中道だというのであれば、それはまったく愚かなことです。

釈尊は平和が必要だとおっしゃった。ならばなぜ釈尊は平和が大切だとおっしゃったのかと考えるのが当然ではないですか。なぜそうお説きになったのか？

暴力的な行いを体験し、それによって苦しみがもたらされるということを知る。そして、そういった苦しみをなくすためには暴力をなくさなければならない、とすれば自然に平和を求める気持ちが出てくるのは当然です。ですから、釈尊がいわれたからという理由と、自分自身の実際の体験に基づいた認識と、その両方がともに必要なのではないでしょうか。

釈尊ご自身のライフストーリーを見てみれば、釈尊がどうして中道を説かれたのかは明らかです。釈尊ご自身が、自らの体験に基づいて教えを説かれているのです。釈尊は最初に非常に裕福な王家の若い王子であって、とてもスポイルされていて、人間は生まれたあと年老いたり、病気になったり、死んだりするということすら認識していませんでした。すべてに恵まれていた釈尊は、自分自身が年をとり、病気になり、死んでいくというようなことが、わが身にも起こるということを考えてもみなかったのですが、実際に宮殿の外に出て町の人々の暮らしを見たとき、病気になっている人を見たり、老人を見たり、死にゆく人を見たりという体験があって、現実を初めて認識したわけです。それまでの釈尊は、そういった現実をまったく知らなかったのですが、そういった生老病死の苦しみを得ている人たちを実際に見て、いずれは自分もそうなるのだと知ったとき、ほんとうにびっくりして、初めて人間の持っている苦しみと現実を認識することができたわけです。そこで、自分がいままで営んでいた裕福な生活を捨て、王国の王子という地位も捨てて、出家して、一人になって修行を始め、六年間の苦行に入ったのです。

その苦行においては、一切の食を断つという肉体的なレベルにおける努力をしましたが、そういったことだけでは不十分であるということに、最終的に気がついていきます。そして、知性を働かせるべきであるということに気がつき、苦行生活にピリオドを打ち、極端な苦行の生活をやめて、食べものを口にしました。そして知性を働かせて智慧を育むことによって、初めて悟りという境地に至ることができたのです。

こういった自分自身の体験に基づいて、釈尊はすべての教えを説かれているわけなのです。まず最初に苦しみを認識することです。これは努力しなくとも、遅かれ早かれ私たちは苦しみを体験することになり、苦しみを滅したいと思うようになるでしょう。そして次に、苦しみを滅するためには、肉体的な苦行を行うだけでは不十分であることに気づき、人間の知性を正しく働かせて智慧を育むことが絶対不可欠な要素となっているということを理解するのです。釈尊自らが自分の体験に基づいて教えを説かれているのであり、私たちも自ら苦しみを体験することが出発点であり、重要なのです。

この点においては、ほかの宗教の指導者たちも、同じなのではないでしょうか。たとえば、イエス・キリストもまた、非常に多くの困難や苦しみを体験し、最終的に十字架にかけられて死に至っていますね。しかし教えの内容としては、仏教の教えは苦しみに関して、より精細なもので、人間的なものだと思うのです。

上田　いまのお話をうかがっていて、その会議のことをまた思い出しました。実は、そこに詰めかけている世界中から集まったお坊さんたちは、非常に太った方々が多くて、その太った僧侶たちに向かって、法王は、あなたたちもちょっと苦行をしたほうがいいよ、断食したほうがいいよとおっしゃったのです。

ダライ・ラマ　そんなことをいったんですか（爆笑）？　いったい、いつ、どこでの話です？

上田　二〇〇四年二月、デリーです。世界仏教者会議の基調講演で法王はそうおっしゃいました。私はその場で聞いていますから。

ダライ・ラマ　そうでしたか（笑）。

上田　でも、そのジョークを聞いて、誰一人として笑う僧侶はいなかったんです……（笑）。

ダライ・ラマ　（からだを震わせて、爆笑）。

上田　ほんとうに太った僧侶が多かったのです。

ダライ・ラマ　彼らは、いかに自分が搾取してきたかということを見せたいんだね（爆笑）。それも人間だけじゃなくて、チキンとか、豚肉とか、魚とかをたらふく搾取してしまっているわけだ（爆笑）。

上田　（爆笑）。

ダライ・ラマ　この数時間にわたるあなたとの対話は、私の心に非常に刺激を与えてくださって、とても有益なものでした。いつかあなたに時間があれば、ぜひ知らせてください。南インドに行って僧院の様子を視察していただくという準備を調えたいと思います。そして、あなたからの示唆をぜひお聞きしたいと思います。厳しい意見や批判などもぜひ聞かせてください。そういった本音からの意見が一番有益なのです。

上田　ほんとうにありがとうございました。

対談を終えて

対談は法王の炸裂する笑い声で終わった。

最後のジョークに法王はもう途中から自分でも大ウケになってしまい、爆笑また爆笑で止まらない。それは二日間にわたるこの対談の最後を飾るにふさわしい、エネルギーの大爆発だった。

最初から最後まで、謁見の間にはエネルギーが充ち満ちていた。黙ってじっと考え込んでいるときにも、怒りや憤りから断固たる言葉を発するときにも、相手の発言に集中して耳を傾けているときにも、そして腹の底から笑い合うときにも。

まとめの言葉は必要なかった。部屋のなかの誰もが、議論の一瞬一瞬が深い意味に満たされていたことを知っていた。そしてこの対談を出版することで、多くの人々に届けなければいけないことも誰もが確信していた。

法王は立ち上がると、マフラーのような白いカターを私の肩にかけて祝福してくだ

ダライ・ラマ・パレスの庭にて

さった。そして、また私の手を取って、写真撮影のために中庭まで案内してくださった。

光の中庭

中庭には一二月だというのに花々がそこかしこに、慎ましやかに咲いていた。光溢れる素敵な庭園だった。二日間の集中から解き放たれ、そして対談の充実感に満たされながら、法王に手を取られて庭園を歩くのは、至福のときだった。写真撮影のときも法王は握った手を離さず、撮影が終わってまた建物のなかに戻るまで、ずっと私を先導してくださった。

「また会えるね」庭に面した廊下まで戻ってきて、やっと手を離された法王はにこやかに言った。「ぜひ、いい本にしたいと思います。そして来年また日本でお会いできますことを、楽しみにしています」と私はいった。

「Good! Thank you!」といって、法王は微笑むと、居室のほうに向かって歩き出した。その後ろ姿を見送りながら、私の心には感謝の気持ちがとめどなく湧き上がってきた。私は法王に思わず手を合わせていた。

廊下を進み、居室への入り口のドアの前で、法王はこちらを向き直り、手を合わせて挨拶をなさると、笑顔でドアの向こうへと消えた。お姿が見えなくなっても、私はしばしの間、手を合わせ続けていた。

謁見の間に戻ると、法王の英語のサポート役のゲシェ・ドルジェ・ダムドゥルと秘書のテンジン・タクラ氏がそこで私たちを待っていた。「ほんとうにすばらしい対談になりました。心から感謝申し上げます」と私がいうと、ゲシェ・ドルジェ・ダムドゥルが、対談中と変わらぬ誠実な口ぶりでいった。

「あなたが質問し、議論したことは、法王がずっと議論なさりたいと思っておられたことだったのです。だからあれだけお喜びになって、お話しになったのですよ」

私たちはお二人にも再会を約束して、別れを告げた。

「搾取」なき自由さ

ホテルまで帰る間、誰もが大きな充実感に満たされていた。

「法王のお顔はほんとにすばらしい。世界で何人かのお顔です。それにしてもほんとにエネルギーに満ちた、堂々たる対談でしたね」とカメラマンの大村氏がまだ興奮冷めやらずといった口調でいった。アジアの遺跡を、仏像を、人々の暮らしを撮りつづけ、アジア研究者の間では知らぬ者がいないこのベテラン・カメラマンの感嘆の言葉は、私たちの気持ちを代表していた。別の取材と撮影のためにちょうどデリーにいた大村氏は、急遽この対談を撮影することとなったのだが、アジアの旅の達人でもある氏は、深夜の路上で絶対立ち往生しない車を手配したり、私たちを寒さから守ってくれた分厚い毛布を自ら買いに行ってくださるなど、私たちの旅の守護神でもあった。

「法王猊下はね、日本からやっと話ができる人がやって来たって思われたんだと思う。通訳として法王猊下のお近くにいても、あんな法王猊下ってこれまで拝見したことなかったから」とマリアさんも驚きと興奮の交じった表情でいった。その場に立ち会った誰もが幸せになれる対談。ほんとうに希有な時間を私たちは共有していた。

しかし、対談は終わったが仕事は終わっていなかった。私たちはホテルに戻ると、すぐに二日目の対談の翻訳に着手した。日を置いてしまっては言葉の綾や文脈がわからなくなる。第一稿はダラムサラで仕上げておくというのが私たちの方針だった。そうして、集中した作業のなかでまた夜が更けていった。

翻訳の作業は翌朝も続けられ、昼前に終わった。法王との対談が、私たちのなかでやっと終わったのだった。谷を見晴(みは)るかすホテルのレストランでゆっくりと昼食を取りながら、私はようやく少々くつろぐことのできる余裕を感じていた。

対談のときは、その一瞬一瞬に集中し、その場のエネルギーに身を委ねていた。しかし翻訳の作業を進めるなかで私はさまざまなことに気づかされた。

笑いの爆発で終わった対談。しかし、ダライ・ラマ法王はちゃんと対談に「オチ」をつけていた。「人間だけじゃなくて、動物も搾取してしまっているわけだ……」。思い返せば、対談の最初に法王がつぶやかれた言葉も「搾取ですね……」だった。この対談は「搾取」で始まり「搾取」で終わったのだ。

人々を救うと口ではいいながら、実際には人々を食い物にする。宗教者の陥りがちな悪について、ダライ・ラマは極めて鋭敏な意識を持っていた。自分の持てる権威や権力が悪用されれば、いかに大きな苦しみを社会や人々に与えてしまうか。そのことを知り抜いているのだ。

そうなのだ、と私は気づいた。対談のなかで、私は法王から自らを権威づけたり、権力を感じさせられるような発言をいっさい聞かなかった。上からものをいっているような態度は皆無で、こんな年下の浅学な人間相手に、どこまでも対等な立場で話を進められていた。対等に議論し、新しい発見をともに喜び、よりよき未来をともに築こうとしていた。その権力性のなさが、あそこまで自由で伸びやかな空間を生んでいたのだ。

ダライ・ラマのことを、宗教者である以上に政治家だと批判する人たちがいる。もちろんダライ・ラマはチベットの「国王」であったわけで、そしてそのチベットがこれだけの悲劇の渦中にあり、その平和と自治を回復しようと行動しているわけであるから、法王が政治的になるのは当然だろう。そして、対談のなかでも法王自ら、仏教者も社会的なことに積極的に関与すべきだ、自らの修行に打ち込むとともに、生きるのが困難な人々を援助するのが当然だといい、仏教者の社会性を強調している。

しかし、宗教者は社会的な現実に関わるべきではない、政治的なことには無関心であるべきだと主張している宗教者たちは、ときにものすごく「政治的」だ。彼らは人々に権威的に振るまい、自分が優位に立てるような議論へと人々を誘導し、知識や権威の差を見せつけては、人々に対して自分たちに従うようにしむける。政治には関わるべきでないといいながら、教団内の政治には熱心で、代議員の選挙でカネをばらまいて買収したりする。僧衣の色で地位の高低を区別し、ひとつでも上の地位を目指して血まなこになる。

社会性が皆無で、社会の苦しみにほんとうに向き合おうとせず、しかし内輪の政治は大好きで、組織内で出世することには貪欲で、いちどエラくなってしまえば、人々には権力的、権威的に振る舞い、支配する。ダライ・ラマは宗教者が自らを戒めないと、すぐにそのような堕落した姿に陥ってしまうことを知り尽くしている。そしてそのことを指して「搾取」といっているのだ。

「搾取」とはキツイ言葉だ。しかしその言葉で自らを戒めているからこそ、そこには自由が生まれ、伸びやかな空間が生まれるのではないか。対談の最初と最後に搾取という言葉が飛び出したのは、実は対談の場の伸びやかな自由さとあたたかさとは無縁ではないように私には思えたのだった。

観音菩薩の聖地

この二日間、昼間の外出は法王のお住まいとホテルとの間の往復だけだった。しかしやっとダラムサラの町へと歩き出す時間ができた。

とはいえ、私の足が向かったのはまたもや法王のお住まいの方向だった。法王のお住まいとナムギャル寺は小高い丘の上にあり、その周囲には周回路がある。一周三〇分ほどの道だが、そこはダラムサラへの巡礼者が必ず訪れる聖なる道だ。

ナムギャル寺の入り口から左手に坂を下りると、ほどなく周回路の入り口はあった。人がやっとすれ違えるほどの細い道である。ダライ・ラマ・パレスと寺のある丘を右手に、時計回りに私は進んでいった。空は雲ひとつなく晴れ上がり、左手後方にはヒマラヤの山並みが、前方にはインドの平原がはるか遠くまで見渡せる。ぽかぽかとした陽気で、セーターを脱いでシャツ姿になる。

　道ばたに露出している岩には、至るところにチベット文字で刻印がしてある。「オム・マニ・ペメ・フン」、観音菩薩の真言であり、人々が観音菩薩の慈悲に心からの感謝を込めて唱える言葉である。その真言は一文字一文字が、白、緑、黄、赤、青で鮮やかに彩色されているので、道を歩いているうちに文字酔いのような不思議な気分になってくる。しばしその文字の前で足を止めると、後ろからやって来るチベット人たちが私を抜かしていく。平日の昼間だから、多くはおじいちゃんやおばあちゃんたちだ。周回路の所々には大小のマニ車がある。数百もの「オム・マニ・ペメ・フン」が書かれているマニ車を回せば、数百の真言を唱えたことになる。そうやって人々は、自分の口で、マニ車で、無数の真言を唱えながら、毎日この周回路を回っているのだ。

　周回路の真ん中あたりまで進むと、そこは広場になっていて、一段高いところにストゥーパ（仏舎利塔）が建っていた。階段でストゥーパまで上ると景色が開ける。右手にはヒマラヤ、そして左手には無数の旗が風にひらめいている。ルンタと呼ばれる祈禱旗で、これもまた鮮やかな白、緑、黄、赤、青の五色だ。とてもこの世のものとは思えない風景。と、そこに読経の声が聞こえてきた。振り返ると、丘の中腹でまだ

ルンタの下で経典の勉強に励む若い僧侶

一〇代と思える若い僧侶が経本を唱えている。いかにも試験前の暗記といった感じで、歩きながら集中して何度も何度も繰り返す。仏舎利塔、風にはためく極彩色の無数の旗、そして雄大なヒマラヤをバックに経本を唱え続ける少年僧の姿は、見事な一幅の絵になっていた。

まぎれもない聖地だ。観音菩薩の聖地。そしてこの周回路の中心に観音菩薩の化身がいらっしゃる。ダライ・ラマ、その人である。

穏やかな日。澄みきった青空。輝かしいヒマラヤ。そして信仰深い人々。そこには何も欠けているものがない。清らかな空間に、聖なる時間が流れている。私はしばしの間、仏舎利塔の脇で至福のときを過ごした。

しかし……。その至福の時間のなかで突然私は気づいた。いや、決定的に欠けているものがある。輝かしくそびえ立つヒマラヤ、しかし彼らの故郷はあのヒマラヤの向こう側にあるのだ。この人たちは皆あのヒマラヤを越えてきた亡命者たちなのだ。そして観音菩薩その人も……。

チベット子ども村

周回路を一周したあと、私たちは町から四キロくらい離れたところにある「チベット子ども村（TCV）」を訪ねた。ここは難民の子どもたちの寄宿舎であり学校である。インド国内に七つの学校があり、このダラムサラの学校が本部だ。乳児から一八歳まで、インド中で一万五〇〇〇人の子どもたちがTCVで学んでおり、このダラムサラ校には二五〇〇人の子どもたちがいる。

なぜ寄宿舎なのか。それは多くの子どもたちの親が遠く離れたチベットにいるからだ。親を失ってしまった孤児も少なくないという。毎年四〇〇人あまりの子どもたちが、ヒマラヤを越えてチベットから亡命してくる。それは、親と一緒に亡命してくる子どもたちであり、親はチベットにとどまりつつ子どもだけほかの亡命者に託して国境を越えてくる場合もある。親と一緒に国境を越え、子どもを置いて親だけがチベットに戻ることも少なくない。

なぜ離ればなれになってまで、子どもを亡命させようとするのか。それはチベットではチベット人は貧困階級となり、まともな教育が受けられないから。そしてチベット文化に基づく教育がまったく受けられないからだ。多くの親たちが、子どもたちだけでもチベット人としての教育を受けさせたいと願い、子どもを亡命させる。しかしそれは過酷な旅だ。大人でも命を落とす極寒のヒマラヤ越え。飢えや寒さと戦いながら一〇日以上歩きつづけなければいけない。さらに子どもであっても容赦なく銃撃する、国境の人民解放軍がいる。そして、涙なしには見ることのできないドキュメンタリー映画「ヒマラヤを越える子供たち」のように、命からがら国境を越えても、「お母さんに会いたい」と泣きじゃくる子どもたちの姿。そんな子どもたちがこのチベット子ども村にやってくるのだ（この映画の日本語字幕付ＤＶＤは、アマゾンで購入可能だ）。

　しかし、この子ども村は底抜けに明るかった。青空の下、町よりもいっそうヒマラヤが鮮やかだ。建物も予想していたよりもずっと立派でお洒落だった。もっとも内側は寄宿舎も教室もとても質素で、日本の子どもたちが見たら卒倒（そっとう）してしまうようなものだったけれども……。そして、何よりも子どもたちが元気で明るい。もちろん子どもたちだから、喧嘩もあるし、いさかいもあるだろう。しかし、子どもたちのエネルギーのありかは、ちょっと見ているだけでわかるものだ。ダライ・ラマがおっしゃる、愛と思いやり……、それがこの場に充ち満ちている。保育園児から高校生まで、いろいろな年代の子どもたちが、兄弟姉妹のように助け合って育っていく。

　教育程度も決して低くない。卒業生の半分くらいはインドの大学に進学するという。インドの大学は日本とは比べものにならないほど狭き門だ。実はマリアさんの三人の子どもも片道六キロ歩いてこの難民学校に通っていたのだが、いまは二人がアメリカの大学に、一人がイギリスの大学に通っている。日本で「来日中」のお姉ちゃんに会ったが、医学部に通う彼女はこれから心臓外科医になりたいと目を輝かせていた。思わず、私たちの日本の教育とはいったい何なのだろうと考え込んでしまう。小さいときから塾にやり、受験勉強をさせて、愛と思いやりも育たず、あれだけお金をかけているのに、劣等感を持ち、夢もなく学力もない若者たちが育っていくのはなぜなのか。

難民学校の明るさ。それこそがダライ・ラマの明るさに通じているのだと思った。子どもたちはみな「不幸」だ。親と離れればなれで甘えることもできない。故郷に一生戻れないかもしれない。しかし、彼らは「幸せ」なのだ。そして、離ればなれになってまでも自分にすばらしい教育を与えようとしてくれた親に心から感謝し、自分たちを支えてくれている人たちに感謝し、懸命に勉強する。そして底抜けに明るいのだ。

この難民学校は、乳児院としてダライ・ラマの実姉ツェリン・ドルマ女史によって創立され、彼女の亡くなられた後は法王の実妹ジェツン・ペマ女史に引き継がれて運営されてきた。法王のご一家も「社会事業家」であった。心も身体も消耗しきって亡命してくる子どもたち、親と離ればなれになって泣きつづける子どもたちをやさしく抱きとめ、生きる力を育んでいくという、至難の事業に取り組まれてきたのだ。

　そして私は一つの事実を知らされて驚いた。二日目の法王との対談も午後に行われたのだが、実は午前中、法王はダラムサラに到着したばかりの中国からの亡命チベット人たちとの謁見をされていたというのだ。ダライ・ラマ法王の姿を心に抱きながら、寒さや高山病や銃撃をも恐れず、命を賭してヒマラヤを越えようとする人たち。生きて国境を越えても、多くの人たちが凍傷で指の切断手術を受けることとなる。身体が衰弱しきって病に臥せる人もいる。彼らはまずネパールの難民受け入れセンターで治療を受け、体力を回復してから、数十人ごとのグループになってダラムサラにやってくる。そして、生まれてからずっと思い描いてきたダライ・ラマ法王との謁見が実現する……。

　その謁見が、昨日の午前中に行われていた。それはヒマラヤを越えてきた人たちにとって、どんなに万感胸に迫る瞬間だろうか。それは私などが想像することさえおこがましいような、魂の底からすべてが揺り動かされるような場に違いない。

　私と法王との対談は、その謁見を挟み込むように設定されていた。そして、対談を終えて法王は明日から聖地ブッダガヤでの数千人規模の法話へと旅立たれる。秘書のテンジン・タクラ氏は「この二日しか対談が可能な時間はありません」と私にいってきていたのだが、本当にこんなにも無理な日程のなかに対談を設定してくださっていたのだ。それは法王の強い意向にほかならず、私はそのありがたさに言葉を失った。

そして、午前中に脱出者たちとの謁見をした後で、あのような対談をされるダライ・ラマの「力」にただただ感嘆するしかなかった。亡命者たちは感激に打ち震えているだろう。しかし、その感激の背後には、大きな悲しみがある。幸せならば誰が亡命してくるだろうか。家族が殺され、拷問され、貧困にあえぎ、絶望し……、しかし亡命という希望のみに支えられ、やむにやまれず命を賭して国境を越えてくるのだ。そして、ダライ・ラマは人々のその悲しみを知っている。苦しみを知っている。そしてそれを全身全霊で受け止める。

悲しみ、苦しみ、そして世界の理不尽さ、冷酷さに向かい合う。しかしその数時間後に、法王はあれだけ自由に想像力を羽ばたかせ、無邪気な子どものように好奇心のかたまりとなって、知性と感性を超高速回転させながら、大笑いしながら対談を進める。どうしてそんなことができるのだろう。凡人にはおよそ不可能な、その気持ちの切り替え方はいったい何なのか。

いや、それは気持ちの切り替えではないのだ。午前と午後はつながりあっている。

悲しみ、苦しみ、世界の不条理さ、冷酷さ。それを自らも体験し、苦しむ他者に共感し、うめき声をあげる。怒りが生じる。激しく憤る。しかしその怒りを原動力にして、世界の苦しみの原因を徹底的に探究しようと発心し、自らの厳しい修行に励むのだ。社会の苦しみに真正面から立ち向かえるように、世界の無明を晴らせるように。そして自らも他者を、世界を、搾取することなく、暴力をふるうことなく、誰もが自由になり、幸せになる社会をもたらせるように。

苦悩を知り、悲しみを知る。苦悩を体験し、悲しみを体験する。世界の酷薄さに泣く、うめく。しかし、そこから発心し、救済への大願が生まれる。自由への強い意志が築かれる。苦悩から限りない自由へ。それこそが仏教である。それはブッダその人が通った道のりでもあった。

衆生を救うために

そして、ダライ・ラマと対談させていただくなかで、私は初めて実感できたことがあった。それはダライ・ラマが観音菩薩の化身であることの意味、なぜそもそもダライ・ラマがここにこうして存在されているのかの意味である。

歴代のダライ・ラマが転生していくことはよく知られている。前代のダライ・ラマが亡くなると、次のダライ・ラマを探す捜索隊が組織され、チベット全土から化身の子どもを捜す。ダライ・ラマ一四世も二歳のときに一三世の化身だと見いだされた。そして、同時に歴代のダライ・ラマは観音菩薩の化身である。観音菩薩の化身が人間としての生を終えると、観音菩薩はまた違う人間に化身してこの世に現れるのだ。

それは日本人から見ても、何かエキゾチックな話だ。西洋人にとってはなおさらで、私がダライ・ラマ法王のお姿を初めて拝見した一七年前のインドでの国際会議でも、西洋人の参加者たちは、生きた「東洋の神秘」に対するまなざしに満ちていた。

しかし、なぜダライ・ラマは転生するのか。なぜ観音菩薩は化身してくるのか。「それは、輪廻転生（りんねてんしょう）が信じられている社会だからだ」と多くの人たちは答えるだろう。すべての生きとし生けるものは輪廻転生する。だからダライ・ラマも転生するし、菩薩も転生する。ただ仏のみが輪廻から逃れられる。生は苦しみであり、転生も苦しみの継続だ。その輪廻から逃れ、苦しみから逃れられるのは、解脱し、涅槃（ねはん）に至った仏のみなのだ。

しかし、実は観音菩薩は望んで生まれ変わってくるのだ。そもそも観音菩薩は阿弥陀仏に対して、すべての衆生の苦しみを救うことを誓った菩薩である。そして、長きにわたって衆生を救いつづけ、とうとう悟りに達し、阿弥陀仏からもう仏になれと勧められた菩薩である。しかし観音菩薩はその申し出を断わってしまう。私は衆生の救済に執着したいのです。仏にならず、このまま菩薩として何回も生まれ変わり、衆生の苦しみを救いきりたいのです、と。

解脱して仏になるより、何回も生まれ変わって、苦しむ衆生を救いつづけたい……。

ダライ・ラマは単に転生しているのではない。衆生の苦しみを救いきりたいという、菩薩の意志が化身としてのダライ・ラマを生み出しているのだ。

ダライ・ラマが「持ち続けるべき執着」を強調するのは、観音菩薩の執着が化身としてのダライ・ラマを生み出しているからにほかならない。衆生を救いきりたいという執着がなければ、そもそもダライ・ラマが存在しない。

意志がダライ・ラマを生み出している。そしてそのことが、対談を通じて私には痛いほど実感された。生死に先立つものとして意志がある。存在に先立つものとして意志がある。それが菩薩なのだ。

しかし、この観音菩薩は、単に生まれ変わって過去を継承すれば衆生が救われるとは考えていない。真に衆生を救うためには、仏教は時代に即応したものにならなければならない。そして菩薩自らひたすら学び、学び、学び続けなければいけない。古い伝統を深く学ぶ。現代社会や現代科学を深く学ぶ。そして仏教の伝統的な教えを現代社会の要請に照らし合わせ、この時代における仏教の役割を探究し続けなければならない。そうしなければ本当に衆生を救うことはできないからだ。

それはおそらく、時代に取り残された仏教、時代に即応できない「菩薩」がいかに無力であるかを法王自身が痛感しているからであろう。法王はチベットでの少年時代についてこう述べている。

「一般大衆の労苦や苦痛からほど遠いところで暮らし、どこへ行こうと大勢の召使がくっついてきた。わたしを囲む人びとは、豪華な絹の衣裳をまとった、最高の貴族階級出身の政府高官たちであり、日常の伴侶は優秀な学者、深く悟った宗教的大家ばかりであった」

（『ダライ・ラマ自伝』山際素男訳、文春文庫）

この自伝を読み進めていけば、ダライ・ラマが当時のチベット社会に対して、その伝統に敬意を払いながらも、必ずしも肯定的な評価を与えていないことは明らかだ。ダライ・ラマの幼い時代、政治は摂政（せっしょう）たちによって行われてきたが、彼らはときに腐敗し、自らの利益のみを追求し、まったく先見の明がなく、国の改革を怠り、それゆえに中国の侵略を許してしまった。そして仏教の教えもその侵略を止めることができなかった。その無力感が自伝からはひしひしと伝わってくる。

貴い教えも、時代から取り残されれば無力であり、衆生の苦しみをまったく救うことができない。その無力感はいかばかりのものだっただろうか。しかしダライ・ラマは無力感のなかで諦念（ていねん）に支配されることはなかった。そのなかで観音菩薩として衆生を救うためにできることは何か。それは、これまでのダライ・ラマの殻を脱ぎ捨てることであった。

ピラミッドの頂点に君臨し、自分を崇拝（すうはい）する人たちとのみ語ることをやめる。仏教の論理が通用するかどうか、科学者や政治家や他宗教の指導者などとの対等の対話を開始する。論理的に負けそうな場に進んで出ていき、仏教がいかなる役割を果たし得るのかを模索する。それは同じように宗教の無力感を感じつつも、それゆえに自分が最初から勝てそうなところでしか、自分が威張れるところでしか勝負しないような宗教者とはまったく正反対の態度だ。仏教は自分の権威づけのためにあるのではなく、衆生を救うこと、まさにそのためだけにあるからだ。

観音菩薩の化身と聞けば、私たちは自動的に「古くさい伝統」と思う。しかし、ダライ・ラマは観音菩薩の化身であればこそ、この現代社会の最先端を歩んでいる。昨年スタンフォード大学に来訪したときも、三日間のプログラムのうち一日は、医学部の最先端の脳科学者たちとのシンポジウムだった。人間の欲望、執着、苦しみはどこから生じるかを、脳科学者たちと徹底討論した。世界各地でダライ・ラマは時代を代表する人たちと積極的な対話を繰り広げている。

ダライ・ラマのこれまで七〇年余にわたる生涯は、封建時代、近代、そしてポスト・モダンを一人の人生に凝縮しきったものだ。封建制における王として育ち、しかし亡命後は政治と宗教の近代化を推し進める。そして近代の冷酷な社会システムに代わるものとして、愛と思いやりに基づく社会を提示する。その「愛と思いやり」は単なる伝統的な価値の復活ではない。復古主義ではなく、近代化を通り抜けた後に再提示された、これからの時代における「愛と思いやり」なのである。

封建時代からポスト・モダンまでを駆け抜けた観音菩薩、それがダライ・ラマその人なのである。

いまこそ、「がんばれ仏教！」

しかし、その菩薩の意志ははたして日本人に伝わるのだろうか？

私は難民学校の子どもたちと、その向こう側にそびえ立つヒマラヤを眺めながら考えた。このヒマラヤを命からがら越えてくる子どもたちの悲しみ、その子どもたちを送り出す親の胸が張り裂けんばかりの思い、そしてそれにもかかわらずこれだけ明るく、前向きに歩んでいる子どもたち。その切実さはいまの日本人に伝わるだろうか。そして、日本の仏教者はダライ・ラマからのメッセージをどう受け取るのだろうか。観音菩薩の化身がここまで身を乗り出し、熱く語ったメッセージははたして日本に届くのだろうか。

そのとき、私の耳にはたくさんの言葉がこだましてきた。

「あれは所詮(しょせん)チベット仏教の話ですから。うちとは教義が違うんでね」

「仏教は論理的だなんて、論理を超える高みに達した日本仏教から見ると、どうもまだ境地が低いですなあ」

「自分の至らなさをとことん突き詰めるのが仏教でね、自分が何かができるなどと思うのが傲(おご)りなわけですよ」

「そもそも、私たちは仏として生まれているからね、そのことに気づいて毎日ただ暮らしていけばいいんでね。他人様がどうであれ」

「ま、ダライ・ラマだからいえることであってね……」

「檀家制度がある限り、私たちはもう縛りつけられて何もできないわけですよ」

「教団のトップが変わらないことにはね、何も動かないのがこの組織でね」

「そもそも私たちだって家族を養わなければいけないし、生活がかかっているんだから、そうそういろんなことはやってられないですよ」

「別にやりたくて仏教やってるわけじゃないからね」

「そもそも仏教なんていまの日本で誰が期待していますか？」


言い訳の数々。自分が何もできないこと、何もする気がないことを正当化するための言葉の数々。私はこれまでもこんな言葉を投げつけられてきた。一般の人からも、そしてそれ以上に僧侶たちから。

ダライ・ラマの渾身のメッセージもこのような力のない言葉に取り囲まれてしまうのだろうか。

そうなってしまえば、もうおそらく私の国の仏教には未来はない。菩薩の言葉を菩薩の言葉として聴きとることのできる菩薩すらいなければ、もう日本仏教は滅びて当然だろう。となれば僧侶たちよりも鋭敏に菩薩の声を聴くことのできる人たちが、仏教の枠にとらわれずに、別の運動を展開していくことになるのかもしれないし、そちらのほうが期待できるのかもしれない。

ヒマラヤの輝かしい頂を眺めながら、私は日本仏教がダライ・ラマに競争意識を持ってほしいと心から思った。勝ち負けを決めるための競争ではない。ライバルだと思い、負けないで自分もがんばるぞと、自分を鼓舞し、ともに高め合うような競争相手だ。ここまでエールを送られたならば、ひとつ勝負を受けて立とうという、気概あるライバルへの立候補だ。

そのとき、私は自分自身をここまで歩ませてきたのも、隠れた競争意識だったのかもしれないと思った。一七年前にバンガロールでダライ・ラマ法王の講演を聞いたとき、私はその存在の大きさと明るさに強い印象を与えられながら、突然に悔しい気持ちが沸き上がってきた。ダライ・ラマだけが仏教じゃない。日本にも仏教があるのだ。日本仏教だってすごいんだぞ！　と、国際会議場でダライ・ラマの講演に心奪われている人たちに叫びたかった。

それはあまりに意外な出来事だった。私はその頃日本仏教にまったく期待など抱いていなかったし、関心もなく、どうでもいいものだと思っていた。しかしダライ・ラマのエネルギーに満ち溢れた講演を聞きながら、どうして日本からは世界に向けて、未来に向けて、愛や慈悲や平和を力強く発信していく仏教者がいないのか、そして日本国内でもどうしてそんな声がまったく聞こえてこないのか、あまりにもどかしく、悔しさにとらわれてしまったのだった。

おそらくあのとき、種が蒔かれたのだ、と私は思った。南インドのバンガロールで蒔かれた縁起の種が、私を北インドのダラムサラへと誘ったのか。

そう考えて、私はあっ、と思った。そもそもなぜ私は小学生の頃から、あんなに世界の差別や暴力が気になる子どもだったのだろう。なぜ世界で苦しんでいる人がいたり、泣いている人がいることが、あんなに気になったのだろう。そしてその世界をどうにかしたいと思い、苦しみを何とかなくしたいと思い、しかし自分一人では何も変えることなどできないのだと、無力感を感じていた。あまりに変な子どもだった。

しかし、その子ども時代からここへと一本の道が延びていたのかもしれないと思った。いま私の前には子どもたちがいる。苦しみ、悲しみを抱きながら、しかしそれでも幸せに生きようとしている子どもたちがいる。多くの人たちに助けられ、そしてお互いに助け合い、決して無力などではなく、未来に向かって夢を抱いている子どもたちだ。この子どもたちの姿が、私の子ども時代からの問いへの答えなのかもしれない。

そしてダライ・ラマ法王が対談でおっしゃっていた言葉がよみがえってきた。

「社会を成り立たせ、統合している要因は、法律なのではなくて、愛と思いやりなのです。我々は法律やルールで強制されて一緒に暮らしているのではなくて、私たち自身から自然に発せられる思いやりによって一緒に生活を営んでいるのです」

答えはシンプルなのだ。ただそのことがほんとうに心から実感できるか。そしてほんとうに真剣にやりきろうと思うかどうかなのだ。

法王のメッセージをぜったい伝えようと思った。そして日本人にもぜったい伝わると私は思った。ここで私が負けていてどうする。そして日本が負けていてどうする。競争心がむくむくと芽生えてきた。

そしてそのとき、なぜか私の心に富士山の姿が浮かんできた。羽田から大阪へと向かう機中で私は思いもかけず富士山に遭遇した。それは雲海の上に頭を出し、神々しく輝いていた。その姿に私は力づけられ、ダライ・ラマ法王との対談へといやが上にも気持ちが高まっていった。ヒマラヤを前にしながら、その富士山の姿が急に浮かんできた。ヒマラヤと富士山。何かわからないが、とてつもなく縁起がよさそうな気がして、私は思わず心のなかで「そうだ！」と叫んだ。

翌々日の朝、私たちは再びデリーを目指して、ダラムサラを出発した。車は舗装の悪い山道を跳ねるように下りていく。難儀な道だ。しかし、私は手すりを握りしめ、お尻を座席に打ちつけつつ、ダライ・ラマ法王もご旅行のたびにこの道を揺さぶられながら通られているのだと気づいた。

これまでダライ・ラマ法王の講演を聞くとき、私はいつも不思議な感覚にとらわれていた。法王がワープして講演会場の入り口まで飛んできているような気がしていたのだ。バンガロールでも、スタンフォードでも、東京でも広島でも、法王ははるばる遠くから移動してきているという感じがまるでしなかった。ドアを開けると、そこにはあの笑顔の法王がいる。遠くから近づいてくるのではなく、気づくといつも既にそこにいらっしゃるのだ。

しかし、実際には法王は毎回毎回、このでこぼこ道を車に揺られながら移動して来られているのだ。そのことに気づいて、私は何ともいえぬ感慨を覚えた。法王も一人の人間なのだ。そんな当たり前のことが、妙にリアルなこととして感じられた。そしてそれがリアルに感じられれば感じられるほど、幾多のでこぼこ道を揺られながら歩んでこられた、一人のまぎれもなく偉大な人物と私が対談をさせていただいたこと、議論し合い、笑い合ったことが、夢のなかのことのようにも思えてきた。あれは幻影ではなかったのか。私の願望が生み出した幻想ではなかったのか。

しかし、私の身体には確かな記憶があった。車に揺られながら、私は法王に手を引かれて歩いたときの感触を思いだしていた。ダライ・ラマの手は大きくて温かかった。その温もりがまだ私の手に残っている。その温もりは一生私のなかにとどまり続けるだろう。それは私が生まれる前から手をつないでいたかのような、懐かしい懐かしい温もりだった。

日本の読者に向けて

　文化人類学者であり、東京工業大学准教授である上田紀行氏との、日本仏教の復興をテーマにした新著のために行われた対談を、私は心から楽しませていただきました。きわめて高い知性の持ち主である上田氏の質問は、疑いもなく刺激的なものであり、私はいくつかの問題について、これまでにない新鮮な視点から考えさせられることとなりました。

　仏教は日本にとって異国のものではありません。仏教は日本において何世紀にもわたって栄えてきた伝統です。しかし日本が近代化され、経済的強国となるにつれ、仏教は衰退をみることとなりました。いま日本の仏教者の皆さんが、仏教の教えをより厳密に探究することに全力を傾注し、仏教の伝統を復興されることは、きわめて重要であり、挑戦に値することであると私には思われます。古来からの仏教思想と日本の現代性の結合こそが、いま真に求められていることなのです。

ダライ・ラマ

謝辞

この本はたくさんの方々のご縁に支えられて生まれた。お名前を記して感謝の意を捧げたい。

ダライ・ラマ法王にご紹介いただいたのは、真言律宗別格本山、蓮華院誕生寺貫主の川原英照師である。国際ボランティア活動にも打ち込まれてきた川原師は、ダライ・ラマ法王を心から敬愛され、二〇〇五年に熊本の蓮華院に法王をお招きになって、講演とシンポジウムを開催された。『がんばれ仏教！』にいたく感激され、ぜひ対談を実現させたいと、法王に何通もの手紙を出し、力強く後押ししていただいた川原師の存在がなければ、この対談は決して実現していなかった。日本人離れした行動力を持つ、剛胆かつ細心の熱血僧侶、川原師に心よりの感謝を申し上げたい。

ダライ・ラマ法王日本代表部事務所のチョペ・ペルジョル・ツェリン元代表とルントック氏には、法王庁への取り次ぎや日本での謁見等、周到なご配慮をいただいた。「よき心の動機に基づいたプロジェクトは、必ず実現するものですよ」とのチョペ代表のお言葉を裏切らない結果となり、たいへん嬉しく思う。また、対談を完璧にセットアップしていただいた秘書のテンジン・タクラ氏、真摯に対談をサポートしていただいたゲシェ・ドルジェ・ダムドゥル師にも、心よりの謝意を表したい。

インドでの旅の手配をしてくださったのは、この本に素晴らしい写真を提供してくださった、大村次郷氏である。インドを熟知した大村さんに買っておいていただいた、耐寒性抜群のあの分厚い毛布がなければ、私は一睡もできず、対談にまでたどり着かなかったことと思う。また、法王の発言部分を明快な訳文にしてくださったのは、マリア・リンチェン女史である。ダラムサラにお住まいのマリアさんは、その柔軟な知性と素敵な笑顔で、私たちを明るく支えていただいた。根を詰めた作業の合間に聞いたマリアさんの人生の軌跡があまりに鮮烈で、ぜったい一冊の本にすべきだと、ご本人以外の全会一致で決定したので、ぜひお書きになっていただきたいと思う。

ダライ・ラマ法王と英語で対談するという、以前ならばとうてい尻込みしてしまうようなプロジェクトを可能にしたのは、スタンフォード大学の学生諸君である。「今日の仏教は現代的問いに答え得るか？」と題した二〇回にわたる講義で、私の稚拙な英語を忍耐強く聞き続け、活発な討論を繰り広げてくれた、その体験あってこその今回の対談だった。その共同講義に誘ってくれた親友ミヒャエル・ツィンマーマン助教授、快く受け入れてくださった、仏教学研究所のカール・ビールフェルト教授とベルナール・フォーレ教授（現・コロンビア大学教授）にも感謝の意を捧げたい。

そして、最後に何よりもダライ・ラマ法王に心からの感謝を申し上げたい。対談の機会を与えていただき、これだけの時間とエネルギーを惜しみもなく投じていただいたことに、何とお礼を申し上げればいいのだろうか。このメッセージを一人でも多くの日本人に伝え、日本のなかに真の愛と思いやりを育むこと。そして慈悲からの怒りをもって、世界に向けて平和を発信し続けることが、法王のご恩に報いることだと信じている。ダライ・ラマ法王のご健康とチベットの自由と平和の実現を心から祈りつつ、私たち日本人の責務を強く自覚して歩んでいきたいと思う。

上田紀行

二〇〇七年六月

文庫版あとがき

世界で今いちばん有名な東洋人は誰かと聞かれたら、それはダライ・ラマ一四世であることは間違いない。その顔立ちや姿はもちろんのこと、どのような哲学を持ち、時代に向かって何を説いているのか、そして彼とチベットがどのような歴史を歩んできたのかを、世界の多くの人たちは知っている。

けれど、同じアジアにありながら、日本人の多くはチベットがどのような状況に置かれているのかも知らず、ダライ・ラマがどのような人であるのかも知らなかった。日本のマスコミはチベット問題を取り上げるのを意図的に避けてきたし、ダライ・ラマは毎年のように来日して講演や法話を行っているにもかかわらず、その姿がテレビなどに登場することは近年ほとんどなかった。

しかし、この対談が行われた二〇〇六年一二月から一年三ヵ月の後、多くの日本人がようやくチベット問題の存在を知ることとなった。五ヵ月後に北京オリンピックの開幕を控え、中国による占領四九年目になる二〇〇八年三月に、チベットで大規模な騒乱が起こり、それは世界各地での聖火リレーへの抗議活動へと連なっていく。日本でも長野の善光寺が聖火リレーのスタート地点を辞退した。そして、アメリカ訪問の途中に成田空港に立ち寄ったダライ・ラマが、記者会見の席上、手で角を作って「私が悪魔に見えますか？」と問いかけたニュース映像で、初めて「動くダライ・ラマ」の姿に接した人も多かったことだろう。

チベット人の居住地域は中国全体の四分の一にもわたる広大なものだ。中国の外交資産ともいうべきパンダは実はチベットに生育しているものだし、チベットは現代の産業を支えるレアメタル（希少金属）の豊富な埋蔵地でもある。しかしその広大な地域に住むチベット人の人口は約六〇〇万人でしかない。それは中国の約一三億人の人口に比して、まったくの少数である。チベット対中国の対立と言われるが、それはパワーバランスにおいてはまったく不均衡なものなのだ。

しかし、たった六〇〇万人のチベット人は、全世界に向かって大きなメッセージを発し続けてきた。例えばアメリカで「仏教」と言ったとき、アメリカ人たちが最初に思い浮かべるのはチベット仏教だ。そしてチベットと聞くと、世界の多くの人たちが「平和」をイメージする。「愛と思いやり」を生きることの中心においている人たちだとイメージする。経済的な利得に私たち全員が駆り立てられ、争いが絶えない世界において、チベットは今でも平和と思いやりを発信し続けている。それが世界中の人々に勇気と希望を与えているのだ。

全てのチベット人が平和を愛し、慈悲に生きているのかと、野暮なことは言うまい。そこにはもちろん犯罪もあり、争いもある。しかし、それにもかかわらず、チベットは世界において平和、思いやり、希望の象徴であり続けている。そのことがどれだけすごいことか、それは世界中にそのようなメッセージを発し得ている民族が他にあるのか、ということを考えてみれば明らかだ。さらに、日本人は世界に対してどのようなメッセージを発しているのだろうかと考えたとき、私たちはとても寂しい気持ちにおそわれる。

そして、世界に勇気を与え続けるチベット・イメージの中心にあるのが、ダライ・ラマ一四世である。チベットがどんなに平和を愛し、慈悲に生きる民族であったとしても、そのメッセージが説得力ある言葉と行動で世界に示されなければ、それは全世界に勇気を与えるものにはならなかっただろう。現在のダライ・ラマ一四世がもしこのテンジン・ギャツォという、類い希な才能と力をもった人物でなければ、チベットは今のようなチベットではあり得なかったし、世界の人々がチベットからこれだけエンパワーされるなどということは考えられなかっただろう。ダライ・ラマ一四世は二〇世紀から二一世紀に至る激動の時代を代表する思想家であり、世界的リーダーであり、今なお世界の人々に大きなメッセージを発信し続けている。

そのダライ・ラマがなぜ時代を代表する偉大な人物であり得るのか。その秘密がこの対談の中にはたくさん隠されている。ダライ・ラマには数多くの著作があり、日本語に翻訳されているものも多い。しかし、それらのどこを探しても見つからないような発言がこの対談にはちりばめられている。この対談の中で初めて明らかにされた発言があまりに多いのだ。私はそのたびに驚き、問い直し、絶句した。そしてここまで率直に、思うところをそのまま発してくださるダライ・ラマに心から感動した。

多くの著作の中でも、仏教の教理に基づく講義録はもちろん厳密性が要求され、ダライ・ラマの肉声はあまり聞こえてこない。一般の聴衆に向けての講演録はよりライブになるけれども、それでも多くの聴衆の前では誤解を受けそうなことは言えない。例えば、この対談の中での「私自身も搾取者です」などという発言は、数千人もの聴衆が聴いているホールではぜったいに言えないと思う。その部分だけが抜き出されて、テレビや新聞のニュースになってしまえば、大きな誤解を生むことになってしまうだろう。「慈悲からの怒りは、持つべき怒りです」という発言にしてもそうだ。一対一で話していて、前後の脈絡があって、なおかつ私があれだけ驚かされたのだから、それらの発言は誰が聞いているか分からない公共の場ではぜったいにできないものだろう。

日本からやってきて、これまで誰も聞いてこなかったような質問を繰り出すこの人間には、ここまで言っても誤解はされないだろう。それどころか、それを言うことが、問いへの答の核心になるはずだ。そうやって、ダライ・ラマは今までに公の場で発言したことのない内容を、次から次へと繰り出されたのだと思う。こんなに真摯に、そして全力で答えてくださるのか。ここまで素になって、本音を語ってくださるのか。その時間は私にとってまさに至福の時間であった。そしてダライ・ラマがこれまでより一歩も二歩も踏み出した発言をなさるその瞬間を、二日間の対談にお付き合いいただいた読者の方々も体験していただけたなら、私もたいへん嬉しく思う。

この本は対談の半年後の二〇〇七年六月に『目覚めよ仏教！ ダライ・ラマとの対話』（NHKブックス）として刊行された。幸いなことに、多くの新聞や雑誌にも取り上げられ、大きな反響をいただいた。しかしその一方で、「仏教」が題名に入ったことにより、読者を限定することにもなってしまった。仏教なんて後ろ向きで、古くさく、役に立たないものだ。偉いお坊さんの話は、難しいだけで、聞くのも苦痛だ。そう思っている日本人の何と多いことか……。この対談を読んでもらえば、ダライ・ラマはまったくその「仏教」とは真逆のものであることが分かってもらえるはずだ。ノーベル平和賞受賞者にして、とてつもなく偉い仏教者がこんなにライブに語るのか！　過去の話ではなく、現在を、そして未来をこんなにフレッシュに語るのか！　そしてこんなにハードなジョークをかますのか！　そのことを知ってほしいのに、題名の「仏教」がハードルになって、たくさんの人にこの対談まで到達してもらえない。そのもどかしい思いをずっと抱いてきた。

多くの人に素顔のダライ・ラマの大きな魅力に触れてほしい。それはあなたの人生にも希望を与えるはずだ。そして、世界に希望を与え続けるチベットの存在に気づいてほしい。題名を変えて文庫として再刊することになったのは、そのような願いがあってのことである。出版後三年で、まだ売れ続けているにもかかわらず、「ダライ・ラマのメッセージを多くの人に届けることが大切」と、文庫化を許していただいた、NHKブックス編集部には心からの感謝を申し上げたい。なお『目覚めよ仏教！』も継続して版を重ねているので、大きな字、数多くのカラー写真、そして「仏教」がお好きな方はそちらをお求めいただければと思う。

最後にひとつ。ダライ・ラマの発言は私たちを力づける。チベットの存在は私たちに希望と勇気を与える。そのことに感謝しつつも、しかし私たちは力づけられ、希望を与えられるだけでいいのか。言論の自由があり、経済的にもはるかに豊かな私たちが、苦難の道を歩んでいる人たちから、励まされ、勇気をもらっているだけでいいのか。「慈悲から生ずる怒りは、持つべき怒りなのです」この言葉を再度肝に銘じて、歩んでいきたいと思う。

二〇一〇年四月

上田紀行

●本書は、二〇〇七年六月にＮＨＫ出版より刊行された
『目覚めよ仏教！　ダライ・ラマとの対話』を改題したものです。

|著者| 上田紀行　1958年東京生まれ。文化人類学者。東京工業大学大学院准教授（社会理工学研究科、価値システム専攻）。'86年より、スリランカで「悪魔祓い」のフィールドワークを行い、その後、「癒し」の観点を最も早くから提示する。著書『生きる意味』（岩波新書）は、2006年度大学入試で出題率第1位になるなど、その日本社会変革への提言は大きな注目を集めている。『宗教クライシス』『がんばれ仏教！』『目覚めよ仏教！』『かけがえのない人間』など著書多数。近著に、自殺問題に関する清水康之氏との対論集『「自殺社会」から「生き心地の良い社会」へ』（講談社文庫）。

ダライ・ラマとの対話（たいわ）

上田紀行（うえだのりゆき）

講談社文庫
定価はカバーに
表示してあります

2010年5月14日第1刷発行

発行者――鈴木　哲
発行所――株式会社　講談社
東京都文京区音羽2-12-21　〒112-8001
電話　出版部（03）5395-3510
　　　販売部（03）5395-5817
　　　業務部（03）5395-3615

Printed in Japan

デザイン―菊地信義
本文データ制作―講談社プリプレス管理部
印刷―――豊国印刷株式会社
製本―――株式会社若林製本工場

落丁本・乱丁本は購入書店名を明記のうえ、小社業務部あてにお送りください。送料は小社負担にてお取替えします。なお、この本の内容についてのお問い合わせは文庫出版部あてにお願いいたします。

ISBN978-4-06-276647-0

講談社文庫刊行の辞

二十一世紀の到来を目睫に望みながら、われわれはいま、人類史上かつて例を見ない巨大な転換期をむかえようとしている。

世界も、日本も、激動の予兆に対する期待とおののきを内に蔵して、未知の時代に歩み入ろうとしている。このときにあたり、創業の人野間清治の「ナショナル・エデュケイター」への志を現代に甦らせようと意図して、われわれはここに古今の文芸作品はいうまでもなく、ひろく人文・社会・自然の諸科学から東西の名著を網羅する、新しい綜合文庫の発刊を決意した。

激動の転換期はまた断絶の時代である。われわれは戦後二十五年間の出版文化のありかたへの深い反省をこめて、この断絶の時代にあえて人間的な持続を求めようとする。いたずらに浮薄な商業主義のあだ花を追い求めることなく、長期にわたって良書に生命をあたえようとつとめるところにしか、今後の出版文化の真の繁栄はあり得ないと信じるからである。

同時にわれわれはこの綜合文庫の刊行を通じて、人文・社会・自然の諸科学が、結局人間の学にほかならないことを立証しようと願っている。かつて知識とは、「汝自身を知る」ことにつきていた。現代社会の瑣末な情報の氾濫のなかから、力強い知識の源泉を掘り起し、技術文明のただなかに、生きた人間の姿を復活させること。それこそわれわれの切なる希求である。

われわれは権威に盲従せず、俗流に媚びることなく、渾然一体となって日本の「草の根」をかたちづくる若く新しい世代の人々に、心をこめてこの新しい綜合文庫をおくり届けたい。それは知識の泉であるとともに感受性のふるさとであり、もっとも有機的に組織され、社会に開かれた万人のための大学をめざしている。大方の支援と協力を衷心より切望してやまない。

一九七一年七月

野間省一